DIÁSPORA(S): FÁBRICA MÍNIMA
POSTVANGUARDIAS CUBANAS [1994-2015]

kriller71 ediciones

kriller71 ediciones / colección poesía
director de la colección
aníbal cristobo

consejo editorial
carlos acevedo, carlito azevedo,
edgardo dobry, ezequiel zaidenwerg y veronika paulics

fotografía de portada
sílvia galup

isbn
978-84-944488-3-6

depósito legal
B 4652-2016

kriller71 ediciones
kriller71ediciones.com
info@kriller71ediciones.com

© de los autores, 2016
© de esta edición, aníbal cristobo, 2016

DIÁSPORA(S)
FÁBRICA MÍNIMA

POSTVANGUARDIAS CUBANAS
[1994-2015]

Prólogo de Idalia Morejón Arnaiz

Selección a cargo de Pedro Marqués de Armas
y Carlos A. Aguilera

kriller71 poesía #22

Diáspora(s): memoria de la neovanguardia

Idalia Morejón Arnaiz

Diáspora(s) – La Habana, 1993-2002. Grupo literario. Proyecto de escrituras alternativas fundado por Rolando Sánchez Mejías junto a Carlos A. Aguilera, Rogelio Saunders, Pedro Marqués de Armas, Ismael González Castañer, Ricardo Alberto Pérez[1], José Manuel Prieto y Radamés Molina.

El término diáspora (en griego antiguo, διασπορά – "dispersión") define el desplazamiento normalmente forzado o incentivado, de grandes masas poblacionales originarias de una zona determinada, hacia diversas áreas de acogimiento. Que dicho término aparezca como nombre de un grupo literario y posteriormente como título de su revista, con una letra "s" al final entre paréntesis denota, en primer lugar, que las zonas de acogimiento a que se somete la literatura son múltiples, y en segundo lugar, que en dichos trazos se alberga una marca plural, de disensión escritural, heterogénea.

***

Diáspora(s) no identifica su proyecto con causas nacionales –la consolidación de los cánones literarios, por ejemplo–, sino que integra dos aspectos fundamentales

---

[1] No incluído en esta antología ya que ésta se circunscribe sólo a la poesía.

heredados de las vanguardias: la "continuidad de la ruptura" reivindicando, a su vez (como el surrealismo), el otro elemento "utópico" sustancial a muchas de las vanguardias de la primera parte del siglo XX: "una transformación de la realidad", que en el caso de Diáspora(s) ocurrió como una proyección política contra el nacionalismo de Estado tanto de raigambre identitaria como congénito al totalitarismo de Estado. Sin desdeñar la influencia poética de José Lezama Lima, o más bien buscando transfigurarla, el grupo vindica el contracanon origenista -Virgilio Piñera primero, y para algunos como Rogelio Saunders y Carlos A. Aguilera, cierta "ética" de la no claudicación que procede sobre todo de García Vega- junto a Severo Sarduy, el más experimental de los discípulos de Lezama Lima. Diáspora(s) realiza de este modo un trabajo de asignación de valor a esas zonas marginales, precariamente frecuentadas en la literatura cubana, lo cual acaba por generar divergencias entre el lenguaje que se distancia del *pathos* nacional y el limitado horizonte de expectativas de la época. Basta observar la opción por el "desorden", escogida para ubicarse en el campo literario, a través de las fórmulas propuestas en la primera manifestación pública del grupo: 1) Orígenes es diferente de Diáspora(s); 2) Diáspora(s) es desigual a Orígenes.

El grupo no acepta el apoyo institucional, por tanto no inscribe su proyecto dentro de las directrices centrales de la política cultural del Estado, lo cual lo identifica con el *samizdat* ruso y centroeuropeo de la segunda mitad del siglo XX. Además, al considerar que la poesía es un "arma de combate" (ella es capaz de ejercer el terror en las letras y, tal vez, a través de las letras) contra el totalitarismo, y entonces necesariamente se proyecta políticamente, lo cual es un rasgo inherente a todas las manifestaciones rupturistas. Así, la ruptura con el modo predominante de practicar la literatura vuelve a ser otro de los gestos que Diáspora(s) pasa a practicar, y sobre el que ha dejado textos poéticos, ficcionales y ensayísticos que constituyen valiosas contribuciones a la relectura y reescritura de la tradición. Diáspora(s) ha buscado en la diferencia sus propios precursores, y su labor ha modificado tanto nuestra concepción del pasado como las posibilidades futuras para la escritura.

***

Según palabras de Carlos A. Aguilera, hubo dos etapas: "una que comienza en el 93 o 94, cuando quería[mos] ser una mezcla de terrorismo con pedagogía". El grupo realiza lecturas en teatros, programas de radio, en formato de vídeo, y también en el espacio Aglutinador, una galería de arte contemporáneo, concebida como autónoma en relación a la institucionalidad. Con todo esto, se estrechan sus vínculos intersemióticos: los artistas en la revista, los poetas en el estudio, en la galería, en el escenario. La segunda etapa se inicia en 1997 con la publicación de la revista *Diáspora(s). Documentos*, y concluye en 2002. En la producción ensayística y literaria del grupo, el nivel del discurso es elevado y constante en su tono, que no es rítmico en el sentido estrictamente lírico, o a la manera llamada "coloquial" en Latinoamérica, pero que establece nuevas "arritmias" o nuevos enfoques dentro de la poesía cubana de qué puede ser "ritmo" en poesía según los modelos vanguardistas (surrealismo, dadaísmo, expresionismo, etc), modernistas (Modernismo internacional del siglo XX, E. Pound, W. C. Williams, M. Proust, etc) y post-modernos (neo-barroco, hipertextualidad, metaficción, parodia, lo serio y lo no serio alternado...) y según ejemplos cubanos como Piñera, Lezama Lima, Cabrera Infante, etc. La poesía que escriben sus miembros no es coloquial, es conceptual, aunque a menudo, ese conceptualismo y esa imagen se disfrazan de reflexión civil, de reflexión histórica, de reflexión *kitsch*, de reflexión estética. Inclusive Diáspora(s) parece ser, más que un grupo, "una avanzadilla (sin)táctica de guerra" (así lo describe Sánchez Mejías en su "Presentación" del primer número de la revista): imagen vanguardista, pero de una vanguardia "enfriada durante el proceso".

Si la escritura barroca, con su hermetismo, activa innumerables dispositivos ocultos de interpretación, esta nueva escritura conceptual (en el sentido de eludir la "falsa metáfora", o de "pensar" la escritura, aunque atravesada por otras tipologías de "emocionalidad" y de "intensidad" que pertenecen a la poesía) parece entregar, con su propia codificación, la clave de la artificialidad (o problematicidad) de su lenguaje. Así, el grupo Diáspora(s) puede ser pensado como uno de los *locus teoricus* privilegiados del postestructuralismo en Cuba, (reinterpretado e incluso descontextualizado de su "lugar francés") pues, como sabemos, el pensamiento de Foucault, Derrida, Deleuze y Guattari sirvió de herramienta de interpretación de la política y del arte. En 1995, Ricardo Alberto Pérez publica la antología de poesía *El jardín de símbolos*, en la que agrupa a un conjunto de autores pertenecientes, como él, al grupo Diáspora(s), y a otros escritores cercanos al mismo. En el prólogo se propone el concepto de "literatura menor" como perspectiva de lectura a partir de la cual explicar/comprender la ruptura con el paradigma estatal-originenista, instaurando así un modo legítimo de escribir en su propia lengua en tanto sujeto desterritorializado. Diáspora(s) funciona, en ese sentido, como la literatura que una minoría hace dentro de la lengua mayor del Estado, contra la cual reacciona manifestándose con gesto político. Así, la literatura menor de Diáspora(s) se constituye, también, en un problema mayor para la política cultural oficial, en la medida en que lo que cada autor propone individualmente se convierte, a través del grupo, en acción de conjunto, cuyo propósito, siguiendo a Deleuze y Guattari, consistiría en "encontrar su propio punto de subdesarrollo, su propia jerga, su propio tercer mundo, su propio desierto".

Diáspora(s) observa que el Estado ha monopolizado el uso de la autoridad para habilitar los usos de la lengua en función de una ideología que, una vez que el país ha tocado fondo en la crisis postcomunista de los 90, se cierra también sobre el territorio nacional de la literatura. La nación, en tiempos de crisis, pasa a ser sostenida por la palabra; Diáspora(s) decide entonces crear su propia lengua literaria. Su relectura del repertorio vigente en la Poesía Nacional, sumado a la extrañeza poética de los nuevos textos "conceptuales", son, de cierta forma, documentos de la productividad de ese proyecto. Se trata de escrituras que rompen con la lengua del Estado, con lo cual se ven privados también del territorio. Son, en otras palabras, la versión postcomunista de una literatura menor.

¿Por qué estos poetas se organizan en torno a un pensamiento filosófico y no exclusivamente poético? Porque es el grupo que finge haber matado al padre. El padre, Lezama Lima, afirma Rolando Sánchez Mejías, se mantiene en su pedestal y no dejará de ser amado y estudiado. Pero habrá por lo menos que "esconderlo", o aprovechar las múltiples "singularidades" de su escritura, en prosa de ficción, ensayo y poesía, para lograr, con su "ausencia-presencia", que Diáspora(s) "aparezca". Así, una vez más en la historia de la literatura cubana, en apenas medio siglo, Orígenes se convierte en moneda de troca, en la lucha política entre dos facciones literarias, que en el presente se traducen en una disidente, y otra fuertemente amparada en la institucionalidad.

***

No es un secreto que el hecho de integrar un grupo y publicar una revista manifiesta el modo de concebir la práctica artística que tenían estos escritores. En la llamada segunda etapa (1997-2002) participan todos los miembros del grupo, junto a colaboradores afines estéticamente, como Antonio José Ponte, Rito Ramón

Aroche, Gerardo Fernández Fe, o que comparten la idea de que el legado ideoestético del grupo de Lezama Lima había sido "secuestrado" por el aparato estatal, fraccionándolo y excluyéndolo, inclusive, del *Diccionario de la Literatura Cubana*, como ocurre con Lorenzo García Vega. Diáspora(s) tiene un pensamiento disidente, y sus discursos poéticos y ensayísticos poseen un alto poder de demolición, como lo atestigua el importante grupo de ensayos de Rolando Sánchez Mejías, Rogelio Saunders, Pedro Marqués de Armas y Carlos A. Aguilera, respectivamente, publicados en la revista: "Olvidar Orígenes" y "El arte de graznar", "El lenguaje y el poder", "Orígenes y los Ochenta", "El arte del desvío". Con los ensayos, sus autores llaman la atención sobre temas que hasta entonces no habían sido abordados en los medios oficiales de la cultura nacional: el fascismo, la violencia; construyen una reflexión volcada a la realidad que los motiva a partir de su propio vehículo de divulgación de ideas, las cuales, en su casi totalidad provienen, como influencias interpretadas, de otras formas de escritura: Barthes, Cortázar, Macedonio Fernández, Passolini, Jorge Luis Borges, W. Faulkner, Juan Carlos Onetti, Blanchot, Deleuze, Derrida, Cesar Vallejo, Vicente Huidobro, Octavio Paz, Brodsky, además de Wittgenstein, Bajtín, Bernhard, Nicanor Parra, la tradición filosófica clásica, Jelinek, H. Broch, Mandelstam, Bulgákov, poetas chinos, y muchos otros. Todo esto muestra que mantienen una postura creativa ante la tradición y también una postura crítica, en la cual el sentido mismo de la tradición es evidente.

El corpus literario producido por Diáspora(s) sostiene su estatus mediante la aplicación de recursos como la animalización, el nuevo vocabulario, la performance, la poesía visual y la poesía concreta. Así, la figura de la rata ocupa un lugar central en el proyecto de Diáspora(s): no sólo es el símbolo de lo menor, sino del devenir animal deleuziano que desterritorializa la escritura. Quizás sea retórico preguntarnos, tomando en cuenta las filiaciones de Diáspora(s), por qué se autofiguran estos escritores con una metáfora de abyección. La rata, en tanto animal peligroso, sucio, fuente de enfermedades, parasitario y ladrón de comida, es metáfora de la ideología que socava, racionalización económica de la ideología. Con las ratas, dos puntales de Orígenes han sido roídos por la escritura de Diáspora(s): el barroco y el nacionalismo. Sin paisaje no hay lirismo, parecen decir, y lo achatan, el "paisaje", o lo "representan" de manera díscola. Sin embargo, no hay sólo "artefacto", pues asoma la sublimidad, pues creen en la "literatura".

¿En qué momento irrumpen las vacas, ya no como ganado que va al matadero de la literatura, sino como imagen económica de un nuevo paisaje para la poesía? En ese sentido sería importante proponer una lectura futura de *Retrato de A. Hooper y su esposa* de Carlos A. Aguilera como poema-documento en diálogo con "Addenda. Vacas y Ratas", ensayo-manifiesto en el que Rolando Sánchez Mejías reflexiona sobre la política de la impostura literaria del grupo, a partir del poema de Aguilera: la operación de mostrar / esconder, contra la metáfora, el lirismo y "[la] sublimidad que escamotea el sentido". "Addenda. Vacas y Ratas", texto con que Rolando Sánchez Mejías cierra su antología *Cálculo de lindes (1986-1996)*, ocupa el mismo lugar que el resto que los ensayos del grupo y de sus colaboradores que revisan el canon originista a partir de interrogantes como: qué es la poesía cubana, qué es la poesía nacional, qué significa en pleno postcomunismo la idea de un "legado nacional" que parecería no ser más que el gajo partido del gran árbol lezamiano de la poesía. Y, lo que es importante, cómo se implican las tradiciones foráneas en el nuevo proceso rupturista. Pues si la nación no puede significar lo mismo después de la Guerra Fría, exhibir los trofeos ocultos de la ciudad letrada y utilizarlos a su favor, parece haber sido una buena estrategia: revivir a los que no fueron convocados al festín de la resurrección nacional.

"Escribir es salir de caza", escribe Sánchez Mejías en su "Addenda". Me pregunto si a cazar los fabulosos animales de Orígenes. Pues en la nueva "Economía del Reino Animal" instaurada por Diáspora(s), para entender la poesía hay que salir de la "Casa del Ser" para internarse en el "Callejón de las Ratas". En términos espaciales estas representaciones de lo poético están cargadas de una simbología que, además de polarizar niega la posibilidad de aflojar los vínculos entre canon, paisaje y lirismo. Ningún poeta cubano anterior a Diáspora(s) habría considerado la posibilidad de escribir: "*tantas cabezas de ganado*", como lo hace Rolando Sánchez Mejías. En *Cálculo de lindes (1986-1996)* contamos más de cincuenta menciones a animales (pájaros, ratas y vacas entre los más frecuentes) en poco más de cien páginas: pájaro, rata, perro, Mariposa Bruja, gusano, zorros, cuasi-perros, Sol-Pájaro, gatos, patas de grullas, cangrejos, moscas, pavo, caballos, vaca, arañas. Un bestiario típicamente deleuziano. En *El Abecedario de Gilles Deleuze*, la palabra "animal" es pensada a través de formas repugnantes como piojos, pulgas y arañas. Estos animales, afirma Deleuze, sin estar necesariamente fuera de la esfera doméstica, no son domésticos, tienen su propio territorio. Es en esta relación animal-escritura que Diáspora(s) también responde a la constitución de un territorio propio, a una literatura menor. Para Deleuze, el territorio es el ámbito del tener, y para marcarlo, explica, es necesario realizar una serie de movimientos, por lo que la desterritorialización sería el vector de salida hacia el exterior (la diáspora mental y física), y al mismo tiempo el esfuerzo por "reterritorializarse" en otro sitio, en otro cuerpo (o corpus literario): soltar los límites de la sintaxis, llegar al borde mismo de la separación entre lenguaje y silencio, lenguaje y música.

***

El tema mejor desarrollado es la resistencia al nacionalismo, que traspasa todos los géneros practicados por estos autores, para integrarse a una corriente internacional del pensamiento poético de la neovanguardia de la segunda mitad del XX, apropiándose de su prestigio: John Ashbery, Robert Creeley, Haroldo de Campos, John Cage, Ernst Jandl, todos figuras axiales de estéticas radicales, con lo cual muestran estar conectados al ámbito internacional, contribuyendo así a la revitalización del acto de lectura e interpretación. El contacto tardío de Diáspora(s) con ese catálogo internacional de artistas contemporáneos habla de las condiciones políticas, adversas al arte y a la literatura, predominantes en el lugar donde surge el grupo, de un cierto asincronismo totalitario.

Los textos de Diáspora(s) circulan en revistas importantes como *Crítica, Encuentro de la Cultura Cubana, Diario de Poesía, Letras Libres, Tsé-Tsé, Sibila, Inimigo Rumor*, en trabajos académicos, en antologías, en traducciones al francés, al checo, al inglés, al alemán. La conexión internacional de estos poetas, en la medida en que el grupo se mantuvo presente y actuante en las tertulias de la azotea de Reina María Rodríguez en los años noventa, es con los poetas neobarrocos (una conexión que se extiende al Brasil y remonta al Concretismo y sus herederos), y con la *new language poetry*. En ese sentido, insisto, se inserta cómodamente en el mapa de la poesía neovanguardista hispanoamericana, en la transición del siglo XX al XXI. Esa articulación tiene un buen punto de anclaje en los poemas conceptuales de Rolando Sánchez Mejías, "Derivas" y "N", en los libros de Carlos A. Aguilera, *Retrato de A. Hooper y su esposa*, *Das Kapital* y en su poema *Cronología*, que inscriben al grupo en la corriente wittgensteiniana que en los años 90 produjo, sobre todo en los Estados Unidos, un fuerte catálogo de obras inspiradas en la vida y la filosofía del lenguaje creada por Wittgenstein.

En su artículo "Poesía cubana: tres generaciones", Reina María Rodríguez minimiza la posibilidad de una vanguardia en la poesía cubana de finales del siglo XX. Por otro lado, cuando interrogué a Carlos A. Aguilera sobre esa posibilidad –inclusive sobre la desaparición de Diáspora(s) como grupo, una vez que casi todos sus integrantes se encuentran en el exilio, esto es, por el hecho de haber abandonado el contexto que alimentaba su lado político-, su respuesta también plantea la duda sobre una filiación consciente al vanguardismo. Lo mismo ocurre con la posición negadora que sostiene Rogelio Saunders. Hay que observar cómo en el interior de esta homogeneidad conceptual las escrituras se polarizan. Sánchez Mejías, Aguilera y Pedro Marqués de Armas practican, siguiendo las palabras de Aguilera, una "cultura del *sin*estilo", forman parte de una "tradición moderna de lo conceptual", con un dominio sofisticado del registro culto de la lengua, así como con una igualmente sofisticada racionalización de los conceptos (Rogelio Saunders y José Manuel Prieto). O sea, hay una "trampa", una necesaria ambigüedad en el término *sin*estilo, pues examinados individualmente (apartemos por un momento el gesto global de grupo, pues en verdad cada uno ahonda en lo suyo "de manera bastante evidente") posiblemente todo se reduzca a qué entendemos por "estilo". La expresión neovanguardista en Diáspora(s) puede ser pensada como una forma de acentuar la necesidad de reescribir la tradición poética cubana, tachar el legado de esa tradición, la herencia, como también afirma Aguilera.

¿Qué conecta a las escrituras de Diáspora(s) con el "pater-hermano" mejor reivindicado últimamente en algunos escritores de Diáspora(s), Lorenzo García Vega? El enlace duchampiano, la metaescritura, que en consideración de Aguilera se encuentra "mucho más cerca de ciertas posiciones de vanguardia, una vanguardia en conflicto con su mismo *rapport* de vanguardia, que de una manera lineal de acercarse a la escritura". Con Lorenzo García Vega, la asincronía neovanguardista cubana se convierte en sincronía, se apega a una literatura que no sacrifica a las palabras por una causa. La poesía de García Vega es como un cuerpo extraño en el cuerpo del lenguaje, es una poesía que piensa no solo el lenguaje, sino también su propia escritura, es la puesta en abismo de sí misma. Parecería que Diáspora(s) y García Vega inquiriesen cuántas aclaraciones más hay que hacer para explicar hacia dónde va la poesía, cuál es la operación del desmontaje, del ilusionismo, hasta cuándo habrá que estar ocultando los materiales. García Vega se erige, a partir de esas preguntas, como una referencia cubana más (con Cabrera Infante, Severo Sarduy, lo más radical de Piñera, Arenas y Lino Novás Calvo) para modificar la escritura. De ahí que Diáspora(s) combata la ilusión del realismo.

El grupo ha tenido un papel importante en el curso de la estética neovanguardista en la poesía cubana de los últimos veinte años, al tratar de ser un campo de ejercicio de la libertad y abrir un período de tensión generadora en la vida literaria y en las formas de escribir poesía en Cuba; tratan de imponerse con un modo de ruptura que llega al antagonismo, de ahí que hayan sido marginados institucionalmente. En la tradición cubana, innovan con la visualidad no representacional del poema impreso, trabajan con cierto formalismo algunos elementos internos al poema, como la sintaxis, la fonética y la métrica. En el plano político, se sitúan al margen del ámbito institucional y sostienen una relación agónica con el canon origenista, propuesto como instancia suprema de profundización en las raíces de la nacionalidad. En el grupo Orígenes no sólo encarna el ideal poético de la nación, sino además, para Diáspora(s), Orígenes es también el hábitat de Lezama Lima, el fantasma derrideano que hay que exorcizar para conjurar el peligro de la influencia, aunque sí lo aceptan como matriz formal e ideológica de la literatura cubana. La restitución de García Vega a la literatura cubana reconocida institucionalmente es el resultado, también, de la tentativa de los escritores jóvenes de los años ochenta y noventa de incidir directamente en la tradición autorizada por la ideología del Partido Comunista y hacerla "intervenir" en el presente, para defender una idea de la literatura, una posición literaria, y para construir una nueva figura de escritor.

***

Cuando pienso en este movimiento de reorganización de las fuerzas políticas que promueven el arte y la literatura de Diáspora(s), veo a un grupo de actores poéticos hundidos hasta el cuello en un campo minado, dividido y acotado, en el que construir una originalidad es casi un desayuno de campeones: grandes talentos literarios con una sólida formación cultural. Si bien los propios autores insisten en la diversidad de sus poéticas, sus textos son también variaciones de un mismo tema, de obsesiones que conducen a una relación entrañable, lo cual aporta densidad, profundidad y variedad a la posibilidad de entender la producción individual, también, como obra de un único autor: el grupo. Los textos aquí reunidos fueron producidos en ese ambiente.

Ricardo Alberto Pérez

Ricardo Alberto Pérez (La Habana, 1963). Poeta, ensayista. Ha publicado los libros de poemas: *Geanot (el otro ruido de la noche)*, Ediciones Poramor, 1993; *Nietzsche dibuja a Cósima Wagner* (Letras Cubanas, 1996); *Trillos Urbanos* (Letras Cubanas, 2003); *Vibraciones del Buey* (Ediciones Unión, 2003); *Oral B.* (Letras Cubanas, 2007); *¿Para qué El cine?* (Ediciones Unión, 2011); y *Vengan a ver las palomas de Varsovia* (Letras Cubanas, 2013). Obtuvo la Beca de Creación otorgada por el Parlamento Internacional de Escritores, con residencia en Brasil durante dos años y, en 2007, el Premio Nacional de Poesía Nicolás Guillén, en Cuba. Con el libro *Manía de Carcoma*, obtuvo el VIII Premio de Poesía La Gaceta de Cuba, 2003. Es, además, autor de las antologías de poesía *El jardín de símbolos* (Santiago de Chile, 1995); *Habana Medieval* (Brasil, 1999). Vive en Cuba

Ensayo crítico sobre las manos de mi padre

Mi padre tenía unas manos perfectas
para aplaudir en el circo.

Más que del equilibrista,
yo gustaba de sus dedos danzando
en una pasión folclórica.

El dedón de mi padre
era un terreno elevado
donde escalaba cada día.

(fabricante de perfumes)

Regresó con la mano vendada:
el circo dejó de tener sentido para mí,
hasta el discurso de los políticos
parecía menos consistente.

FLORACIÓN Y DESFLORACIÓN DE MI VEJIGA

A veces pienso
que mi vejiga floral
soporta.

Mi vejiga no usa zapatos
no es la del pez

y roe un pan dejado caer desde lo alto

Cuando hay amante,
menos nerviosa.

Cuando no hay,
flota,
transculta, emigra

termino pensando
que la única ficción
que poseo
es mi vejiga.

Sobre cerdos, chinos y catalanes

Unos chinos llevaron a Barcelona
un puñado de cerdos tatuados,
los catalanes no entendían los ideogramas
y miraron con malos ojos a los cerdos.

La feria del arte
puso en el lugar más seductor a los cerdos.
Los cerdos más chinos que cerdos,
más blancos que amarillos
se reconocieron en la membrana de la seducción
dedicándose a mirar con ironía
          a los catalanes.
Los catalanes no comprendieron nada
          y los cerdos
menos cerdos que ideogramas
regresaron a China,
dejando pasmada, como en vilo, la expresión
          de los catalanes.

WALTER BENJAMIN

Una infancia en Berlín, unas llaves oxidadas,
un silbido de pájaro como alerta y premonición:

La lucidez, las herraduras de un caballo de tropa
integrándose al decorado del estudio,
la estridencia del grillo,
los volúmenes de Hegel,
la mano de Brecht, el desacuerdo de Brecht,
el cigarro de Brecht rodando junto a sus pies.

Los espejuelos, la redondez y el grosor
de los cristales, las fotos,
su vocación de enfadar a la memoria romántica,
la alambrada, es decir otro cuento
de hadas, otro instante y la sombra
sombreada
y erecta
del Kabuki.

CONTRA EL IMAGINARIO

En los últimos meses
he tratado de armar una nueva ficción
de rescatar la relación con mi madre
como si la mitología
ayudara a hacerla menos inmaterial.

Se trataba de una conversación,
de un encuentro
con Bernabé Ordaz,
sobre el match de Sevilla,
con don de miniaturista
comentando las jugadas de algunas partidas.

En vida de mi madre
jamás hablamos sobre el ajedrez,
parece ser que el único juego que le interesaba
era el de las briscas con la baraja española.

Para qué entonces, ahora que yo siento placer
cuando la asumo a través de alguna textura,
de alguna frase que ella repetía con frecuencia,
trato de hacerla cómplice de una situación tan compleja
con la que jamás habría tenido relación alguna?

Comenzaron mis inclinaciones por el arte,
estudié música, asistí con entusiasmo a conciertos,
funciones de cine, recitales de poesía,
siempre –en el momento que le contaba esas cosas–
me respondía:

"siendo niña conocí a Alejandro García Caturla,
vivía apenas a unas cuatro o cinco casas de la mía
y más de una vez puso su mano en mi cabeza"

También me contaba
las retretas que daba los domingos
la banda municipal en la glorieta del parque
de su pueblo, Remedios (uno de los más antiguos
de esta isla, con una iglesia que siempre me
ha impresionado
por su hermética sencillez).

¿Si mi madre me contó todo eso,
por qué en el momento de recuperarla
a través del territorio del poema
no pensé en hacerlo con esos propios recuerdos?

Parece ser que tenemos
algo enfermo en el tejido de nuestra mente,
que es lo que ofrece mayor jerarquía
a lo que no nos pertenece, a lo que no vivimos,
a lo que no heredamos,
algo que nos vuelve impersonal
y deja su toque de esquizofrenia.
Por eso después de intentar tantas veces escribir
ese texto sobre mi madre, Ordaz y el match de Sevilla,
he desistido.

Lo único real es que ella pasó
la mayor parte de los últimos quince años
internada en clínicas, con un deterioro progresivo de

su psiquis,
hace dos que murió, y si quisiera conversar con Ordaz
quizás él no podría atenderla,
porque como algunos países necesitan el mito de un
gran futbolista,
otros no pueden prescindir de un ejemplar
director
del hospital para enfermos mentales.

Hace algún tiempo regresaba del aeropuerto,
de despedir a alguien,
los enfermos se ocupaban de la perfección del césped
como si la clínica fuera un barco
y estuviesen logrando deconstruir la ondulación
del mar con unos motorcitos ya envejecidos,
provenientes de la URSS;
ellos parecía ignorar los efectos de la corriente
alterna.

Ferdinando prenom

Abrir el mimo,
quebrar una tela,
cierto tipo de lienzo,
la alforja envejecida
del equino.

Fieles a la docilidad,
convocados a soportar
como si un estomago de buey
nos envolviera.
(desde Berlín a Dresde,
la niebla
una boca o laberinto,
tonalidad ahí implantada;
de Berlín a Dresde lo trunco,
domeñado,
tal vez proliferaba un ruido proletario
a la manera de hueco
con rellenos de cortezas secas,
mecánicas
para asombrar
por la eficacia, al molde
de la máquina perversa
y diáfana
        del reloj.
Fabricado con un poco de bilis
nos lo exportaron
tocino a diario;
semillas en los gestos,

raíces.
La esterilidad
venía del seso de la res,
contenido,
apresado, prensado.
Un abedul torcido semejaba;
tres, o cuatro veces a la semana
lo proyectaban
a través de la programación infantil...
un abedul torcido en el crepúsculo;
y sin escrúpulos, regresaba,
con su overol a cuadros,
la tuba densa.
Vacío, sin membranas
copaba la pantalla
del mueble ruso
en la rosada seducción
de la prima-noche
aún no instaurada.

El hueso en estilete
(un abrecartas)
quebró la perfección de mi nariz,
quedé maletudo
de tanto prestarle la atención.
Un don de histerizar
que he dominado
gracias a su ausencia prolongada.
Otros vieron cicatrizar sus nacidos,
las rodillas rotas
ante este ser, o

silueta proyectada
gracias al CAME
(cerebrillo gomoso y conjunto
de ciertos mandatarios).

Ahora contemplo,
y rememoro
la rumorosa disposición
de las ruinas;
sonrío.

ARCHIPIÉLAGO

El movimiento de la palabra ARCHIPIÉLAGO es apacible como el de los remeros en el canal. Apacible y erecto, trazando un surco delicado en el agua (dejando una cicatriz, una huella, triángulos de cera y azufre sobre un número memorable de frentes). La palabra se contrae tal si el tiempo de la historia fuera a someterla a una reducción irremediable, a un deshielo de pulcritud. Un cadáver resultado de tensión en la cuerda, siempre va a ser distinto de uno resultado en la tensión del W-forzado, este último deposita en la tierra una serie de impurezas fatales, de libaciones provenientes de la torpeza.

La tierra que es el teatro natural de los muertos preserva sitios de negrura más acentuados para esas ocasiones, para esas colonias frutos de plurales complejos de Edipo.

Abro un paréntesis en forma de sueño para pensar un relato de John Barth donde Edipo comprime sus labios contra el desenfado del acetato, cierro el paréntesis y comprimo la cabeza de Barth contra una hilera de cabezas eslavas (hidrocefalia de la traslación escritural).

¿Cómo seguir el movimiento circular de lo que abruma sin hacer la zozobra del razonamiento ascendente de los ojos? Esta es la interrogante, el rayón negro del escolar que puede frustrar la galantería de la garza, su vocación de restar aridez al paisaje. La garza es el elemento estructural capaz de escindir el territorio de interés y otorgarle a cada zona rasgos legítimos que independicen sus espesuras, sobre la garza escribí un texto en versos, que después Sánchez Mejías transcribiera a la prosa. Entonces mi madre no había muerto aún, y yo vinculaba el virtual deterioro de su mente con el ruido histórico del tractor.

Ahora la garza tiene un sitio más cívico, una zona más exterior del ovillo donde su cuerpo resiste el destino flotante. Su cuerpo lo violento, hago una especie de nudo, de recirculación astuta de los significados para que la garza blanca pueda mirar con el ojo infinitamente negro, mirar e inscribir agua tras agua cierto saber naciente de la llaga, de un círculo de tiza, que se cierra, caucasiano, con la dosis asignada.

PIERNA ROTA

Memoria,
es sonido de una pierna rota
(objetos desfasados)
en fase
de música
¿y es persona pierna rota?
un estado de ánimo,
la duración de los eventos
como olores,
ella escobilla irónica,
roza
cuanto nos pertenece,
cuanto nos es ajeno

rodilla
        roda – pie
                rombo
que llevo encrucijado
en el oído.

¡Cántame
araña de mi vida!
quiero oír
la fibra
de ti misma,
escuchar el desencanto
de tu goma
o el raspar de las chancletas
en la alfombra.

Ruidos,
una voz,
voz que salva los vacíos.

tejidos,
músculos,
estructura rota,
amorfa.
Sólo la voz un páramo
entre toda la vida
de la gente;
un hilillo de nuez
y sangre
avena, orine,
luz que sale de esa boca.

voz, que ya detecta
el arrastrarse
(por la madera lisa
del piso antiguo);
rota, o desmembrada
la pierna avanza
nada de ella se ve,
todo se escucha
hasta su más sobria advertencia.

¿podremos intentar
nuevas escrituras?

¿torcer la lengua,
para que otra
nos seduzca?

Su sonido volverá más espeso.

LEVANTAMIENTO DEL CADÁVER

No puedo dormir. No me dejan dormir,
me llaman
y me dicen:
venga a maquillar a la muerta.
rondo   rondo   rondo
todo este fastidio del centropen rasposo
raspar   dejar la hoja   maltrecha,
ocultación del rostro,
transfigurar al instructor... la perra, la fruta ensoñada,
el helado: venga obtenga este hueco,
este reverso del cuerpo,
esta obscena noticia de la gravedad, la culpa.
no resisto, no quiero el rozamiento, ni la tensión
tengo otras historias bien tramadas,
las culpas van al agua de añil
tras el teloncito de lo gramatical
que me divierte... hasta si ellos pudieran diseñar
una sinusoide discreta (diríase menor),
un intervalo de castidad y burla
donde el teatro torpe de mi lengua
pueda encontrar plenitud... ¿y si les digo?: vengan aquí,
a este espacio común
para trazar la posición encorvada de los seres,
la disolución de la mano
que agarra y una torcedura
en el eje del pensar, de cualquier modo
el tiempo se nos sobra,
es una cápsula perfecta que regresa
entre aquellas burbujas

que protegen el centro de la (su) espesura:
pero la palabra danzar puede dar testimonio,
o más bien una decoración adecuada,
tres voces distintas la articulan,
tres cuerpos distintos la pervierten
para que el ritual conserve su humo
de reserva; y si después de todo nos encontramos
bajo la escasa luz del día
de San Juan Bosco, es válida la fe,
el sacrificio,
la inocencia.

Pero no olvide usted que los días del santoral
suelen transcurrir en un plano ajeno
a estas cosas sinuosas
que dibujan la boca del pez
con la misma astucia
que la parte anterior del anzuelo,
en los días del santoral se depositan
las zonas blancas del ser, los tejidos flexibles,
y los algodones, los algodones, los algodones
que vibran bajo el silbido del viento…

El arco es fosforescencia oscura,
una voz que me dice:
ya usted es dueño del cadáver,
puede trasladarlo sin cargo policial (ni de conciencia);
yo voy delante,
el bulto detrás tapado con una lona
que cubre la ruptura con mi origen.

Ismael González Castañer

Ismael González Castañer (La Habana, 1961). Poeta, narrador y ensayista. Ha publicado, entre otros libros de poesía, *Canciones del amante todavía persa* (Taller Experimental de gráfica, con grabados de la artista Sandra Ramos, 1991), *Mercados Verdaderos* (Ediciones Unión, 1998), *La Misión* (Letras Cubanas, 2005), y *Disfuerzo* (Letras Cubanas, 2012). Por *Mercados verdaderos* obtuvo en 1997 el Premio David y en 1999 en Premio Nacional de la Crítica. Poemas suyos han sido incluidos en numerosas antologías: *Retrato de Grupo* (1989), *Las Palabras son islas* (1999), *Memorias de la Clase Muerta* (Editorial Aldus, México, 2002), *Graffitis* (2004), entre otras. Vive en La Habana, donde es consejero editorial de las revistas *Extramuros* y *Movimiento* (hip hop cubano).

Montaña de España

La Montaña de España puede ser su Lengua
aunque sólo veo casas, su organización
"Sin comer, no"
cosas como esas

Ahora aquí podría ir alguna Otra
incluso: La Montaña, lenta, me desplaza...
pero en cuanto a casas
        que en su manzana formaran
            un área
donde sin quererlo sus lugareños
        por ejemplo se encontraran
en el límite de Su Propiedad
"Tontos que fuimos: Dejamos / débiles / la casa"
qué
¡si la luna no es así; estrellas, ninguna
de manera que no puedes argüir, siquiera
"Hechas / de noche".

Mira como todavía miran sin saber
                          cómo enterarse.
Y podían enterarse bien!

Tú en la casa de en - medio

Había, entre casas, luminosa y festiva,
en la noche una casa;
Mujeres o Muchachas
                para no tolerar

o simplemente
                mujeres o muchachas

Pero tú, que en mis sueños te hallo
¡vámonos
—porque tampoco era entrar
                sin saber
                por qué tanta luz
                en la casa en la época
                que es noche inadada
                para todos nosotros

Todos los días yo pienso en la Felicidad
su forma larga y sistemática
como es hoy el dolor
            la imperfección hoy día
su intensidad.

Lontananza

Cuando salgo de mi casa por no estar muy bueno
trato de cantar
              y de tomar
por una calle que la llaman Vía;
subo por sus Elevados
          donde existe una Familia que «se quiere ir»,
que lo necesita

y allí
      caminante, delgado
                        no me engaño
y después no me abato
                con las primeras cosas.

La Vía es una de muy larga Avenida;
tiene muchas casas de la otra etapa
                        todavía
y una Iglesia.
Mi canción, dicha con lo Oscuro de las Voces reunidas
          por los Elementos,
lleva un lontananza...

y si vuelvo o me detengo en algo parecido a un Cenit
recuerdo
            cómo pensé en Ella conmigo <u>clavando</u>
                  "con el envés del hacha"
las estacas de un *Camp* un Campamento.

Raya

"No hay ideas frescas"
                              solamente el mover
de las mujeres diversas en el filo.
Si primero ves cuatro mujeres buenas
y a continuación
                    otras tantas marchitas
y por último una, digamos de pelo rojo/ pelo carmín
que se conserva,
el mundo no debe ser feliz
y tú
     con tus estrellas de <u>esquilache</u>
             la verdad/ sólo ésta/ nada más)
eres un corazón.
Y si en el PARK ya ves
                        a unos hijos abrazados,
a otro con su mente solo, y también ves colectivos
es que la vida
              palpitando ciega
                              pudo ser verde
e incluso, puede saludarte.

Poética

Escribo poesía porque sé que después no haré más
 nada.
Mirando profundo en la zona que está
 entre el Bien y el Mal,
uno sólo puede percatarse
 de que *el Hombre sigue*
 —como ha dicho *Earth, Wind and Fire/*
 Tierra, Viento y Fuego.
Lo que *sigue* es el *Método de amor contemporáneo:*
 Preocupación obsesiva por el hecho/
 No dejar que ese mismo *hecho te deprima*
 –como ha querido *Neil.*
—Y recuerda que el amor es importante cada vez
 —dijo Martisel.

.en Solingen, el pasado 29 de mayo

Cinco mujeres turcas, que no tenían necesidad,
fueron terminadas.
Sin embargo, todo estaba claro. Era como abandonar
            cada uno de los propios ritmos
por tender, como Wagner, a la Gesamtkunswert:
la obra de arte
           que reúne a las artes.

Yo, con toda solidaridad, se los iba a enseñar;
pero ahora me doy cuenta
                  de cómo podrían saberlo,
si parece —como antes / como siempre—
           que no se va a escarmentar.

Empecemos a bien todos un día un poco a escarbar.
Bien. Es la arena irredenta de la blanca visión:

Yo sí quiero la casa
Yo sí quiero la playa
Yo sí quiero la bata
    blanca

¿Ven?, no hay quien diga "Yo no quiero la paz.
Entonces (porque sólo fue "entonces)
alemanes, españoles / italianos y franceses
comenzaron a llorar. Era una lloradera *lita*,
que no tenía bruces / cruces, y menos *cobalese*
(que no sé qué puede ser, hablando sinceramente).

EL TRABAJO DE FUNK

Mi trabajo se pierde
                  como el trabajo de Funk,
Christian Funk, de Hamburgo, Alemania.

Yo no quisiera, como no quiere ya un hombre
que se le caiga un vaso, o le digan Llorar /
Llorar, porque ya ha muerto Tan'
            –nuestra amiga cordial
e ingenua, no obstante, no exenta
              de <u>nunas</u> belleza.

Christian Funk, de Hamburgo, produce mensualmente
entre 25–30 esculturas labradas en el más puro
y transparente hielo. Claro que sus obras se derriten...
pero como son expuestas en cabarets y en ocasiones
nocturnas por pocas horas, lo único que se pierde
es el trabajo de Funk.
–Exacto –dijo Ofelia<u>m</u>–; el dulce trabajo
                de la juventud.

VAHO QUE SENTÍ YO EL SÁBADO

Todo me da una industria mala,
      delicada siempre;
pésimo campo.

No sé algo; por las fotos conozco
cómo jugué con frascos
en una caja
           frente al espejo.

Salen las personas, los adolescentes;
es cuando más salen / se visten
—Hay un vaho tremendo en la curva —dicen,
y profundo es el miedo
                que saliera de ti.
—Suban, vamos / Arriba, suban:
que para eso he abierto esta puerta /
la he forzado.

Las mujeres que te aman

Las mujeres que te aman llegan por la nieve oscura,
que, además, se mantiene compacta y lenta.
Nunca temen la viscosidad.

Ellas le dijeron a mi padre algo
para que no vaya yo a perderlas
porque somos unos lindos de la noche.

Ranas / Bichos / Bichos indistintos / Cualesquieran.

–Lindo: sólo he venido para amarte–
me explicaron sonrientes, quemadas:
porque la nieve oscura y ciertamente lenta.

¿Qué harías tú ante alguna
                        que viniere sola
                                  y sin gorat?
Hablé con muchas y dijeron simplemente
"Quiero al lindo" / Hablé con todas.

Los trabajadores van a sus casas...

Los trabajadores van a sus casas a echar sus demonios / Yo voy a echar un jardín.

Estuvieron dando vueltas, ocultos por el exterior
en su aversión / en la aversión:
primero hablan mal del trabajo / segundo hablan mal.

Algunos se callan y escuchan; no dicen acíbar de nada /
no ámbar.
La mayoría yo creo
               que en definitiva
                      lo que quiere es vivir
—"Siempre quisimos vivir / Todos queremos"—
y se arrepienten.

L̲a̲s trabajador̲a̲s en particular
                      sueñan que en las tardes
              pueden montar *bycicles* / biciclos
y se arrepienten.

Es muy bueno haber notado cómo se derrota el Fin / de Algo, la Cosa.

Edificios

No sé si con la construcción de los distintos edificios
mi amor será más grande,
ni el pecado. Los edificios crecen,
y yo, que estoy con sus proyectos hasta el fin,
miro al cielo y al río,
y me pierdo hacia el cielo / no me pierdo hacia el río.

Si estos edificios se burlaran,
si todos –fascículos / <u>durrens</u>– se burlaran
yo sería un aguador sencillo
que pescara en las nubes
la centuria esencial de los peces del hombre
y el candor
y la velocidad del tiro.
Edificios no me tienen que intuir /
       Yo no tengo que influir al mundo.
Créeme, cacé toda la noche
y no hubo santos / cascos, ni dedal.

Poniente

Todo cuanto deseo
                       podría encontrarse intacto
en la femenina que vive
                            tan cerca de la carretera
a dos municipios de aquí
                        por el noroeste
a partir de la parte más céntrica
                               o más popular.

Luego, fuimos a lo que después yo llamaría El Campo,
y escuché dos canciones...

Otro día
          visitamos el parque para las diversiones...
y observamos también
                          la única forma en que la casa
aparecería derruida...
Y es que fuera de azul
                      cuando a este color uno lo viera
convertido en algo parecido a la real tristeza.

Niña de la carretera.

La mañana de las mellizas

Hay una mañana para las mellizas de cualquier color
Hay otra mañana.
Ellas se avistan, son los trajecillos;
su padre y su madre han puesto leche
o un legajo de palabras para consolar, para remediar
y para convertir.
Hay otra mañana con los coches que se pliegan frente
　　al alba;
los padres, de cualquier color.

No voy a mentir, ellos multiplican las campanas.
　　Huevo o
cigoto, sea huevo o cigoto en progresión
esto fue lo que nos deparó el amor/ el sabor/ la
　　quebrada.
Hay otra mañana: es aquella donde se colocan los
　　espejos.
La melliza se vislumbra, "Tengo dedos de igualdad",
　　me grita
y yo soy un corredor　　　que las detiene y las indaga
(como si yo fuese Carmen, la mujer del partidor de
　　carnes
que de una vena o línea saca 86)

Ellas van por el jardín de Arabia
ellas van por el recuerdo de la planificación
Esa dulce planificación de los peroles
esa amarga conversión de toda plata

Las personas le miraban, ofrecían el hondón.
Yo les ofrecía el barro; les decía:
Aquí los sauces y aquí el pájaro de México,
la peonía y el juguete bailador; aquí el saltante.

Le miraban y decían más.
                         Conversaron con la madre
o con la tía que traía *prestación*
acerca del aspecto falso
o del aspecto cierto
de alguno de los hechos más notables.

Novela

Cada cuatro meses llega una canción de los pechos
    desangrantes.
Llegan y atraviesan el dolor/ corazón/ sentimientos.
Lo sabemos por las chicas que utilizan Pre—
sólo por las que Lo utilizan.

Cada cuatro meses llega una canción.
Lo sabemos por las chicas que en inglés me dicen
    "Cháon, leiri éraun"
lo sabemos por las chicas que en inglés me dicen algo
algo así como "el camino".

Y bailamos "California" y eso es malo. Eso es malo
porque andamos atrasados. Nos ponemos a danzar
y bailamos hacia un tiempo en que Berta provocó/
    provocara
vahos y ganancias / las canciones de los pechos.

Cancioncita de los pechos.
Llega una canción/ y me siento posesor/ de unos
cuadrados blancos.
Y después muy solo como algunos perros. Como
    algunos perros
        a los que por cierto
no le faltan unos huesos.
Unos huesos enterrados por doquier.
Unos huesos enterrados por doquier.
Unos huesos enterrados por doquier.

Posición del día

Al tedio yo lo vi como sentido
mi padre y sus congéneres
                          ya sentíanlo
sentíanlo como a un ferviente hermano
al tedio de la poca física
        de la poca física
y aquel olor a viento detenido en el recodo
                    detenido entre las doce
en el descanso mismo de la hora merendal
                        la hora doce.

Y he aquí que las primeras letras se utilizan
para expresar
las cantidades más exactas
las equis para cantidades sin amarre /
"la ye la ye"
Baldor cualquier libro *Mathematical*.

Pero la <u>eme</u> una ocasión central
más bien una ocasión del centro
monótona y mecánica.
Era el tedio que sentí a las once y cuarto
en una época donde quisimos
        que todos estos ríos remansaran
en una época donde quisimos
        que todos estos ríos
                    nos volvieran castos.

Rogelio Saunders

ROGELIO SAUNDERS. La Habana, 13 de enero de 1963. Poeta, cuentista, novelista y ensayista. Ha publicado cuentos y poemas en diversas revistas y antologías. En 1996 se publicó en La Habana su libro de poemas *Polyhimnia*. En 1997, obtuvo el Premio de Poesía "Luis Rogelio Nogueras" con la plaquette "Observaciones". La editorial mexicana Aldus publicó en septiembre de 2001 su libro de cuentos *El mediodía del bufón*. En 2006 la editorial suiza teamart publicó *Fábula de ínsulas no escritas*, una antología de sus poemas en edición bilingüe. Otro libro suyo de poemas, *Sils Maria*, ha sido publicado por la editorial Aldus en 2009. Reside en Sabadell, Barcelona.

Sils Maria

La última vez que estuve en Sils Maria
había estos mismos tres (o cinco) escalones rotos.
He ahí toda la filosofía.
Sólo la música es distinta (para mal).
La locura es siempre esto de la página y
más aún: de la lengua. (Langa. Longa.)
El «no veo» y, si entiende lo que quiero decir, el
«no respiro» y «no hablo».
En una palabra: el *abandono*.
Ya sé, ya sé. La reacción. O mejor aún: *el reaccionar*.
A la espalda, fuegos de artificio.
Carrozas destartaladas. Ruido blanco en las viejas
almenas. Orín de albayalde. La conquista
del escalón, por así decirlo. De la esquina del ojo.
Todo falso. «La última vez que estuve aquí».
Todo falso. Nunca estuve aquí. Ni allí. Ni en.
Las calzas del etíope mon prochain. El mucho beber
y la terrible rumba. Intoxicación con mariscos.
La prostituta, el pene cola de cerdo y luego la huida
con el salto sobre el arbusto incluido.
Qué nochecita.
La humedad, mucho peor. El resto, más
o menos como siempre. Son las noticias del día. Soy
usted lo sabe mejor que el suscrito, el espía
de mí mismo. Ahora lo que de verdad me interesa
es la cháchara de los enterradores. La nube
legañosa flotando junto con las hojas
en el patio vacío, el pozo vacío, el vetusto
palacete vacío, allá, no sé dónde. Todo lo oblicuo

por imposible. Lo no visto puesto al frente. Intacto
como no visto. Olvido de todo lo anterior. Ojo
recluido en el ojo. Cráneo cuenca cuenco bacinilla
donde bebe el cráneo, ineviterno. Jo jo. Quieto. Ya
le digo: hojas que se arrastran, hormigas nunca tan
simbólicas cuanto despojadas de todo símbolo, oh
hormigas. Aquí dormimos y, con sabiduría, defecamos.
Tanto más viejos e inusuales, los libros. Destartalados
manuales. Hurgo en ellos con trompa de oso
   hormiguero.
Palpo la pulpa, aquejado (o bendecido) de alopecia.
Bebo el agua. Ella me bebe. Germino en germen. El
sol-agua-de-aceite rebrilla en la grieta del pavimento.
Es la grieta, lo compruebo. Sólo
hay una. La canción del martillo continúa. Continúan
las nubes, el sudor bajando por las lisas paredes.
Y, sobre todo, continúan, ajenos al crotaloteo
de los visillos, los escalones (tres o cinco) como ya dije.
El punto final. E l g e s t o s i e m p r e s u s p e n d i d o. Sin
cálamo, sin puntualidad. La intención
plenamente incumplida. Abolida. Este golpe
tan parecido al ojo, sin mirada. Este
latido sordo lleno de sonido. In
separado contacto de la mano con la mano, mano
sin la mano en la mano del gitanillo que extiende la
   mano.
La carcajada que viene desde lo alto, donde sólo hay
este resonar de nube y nube, espacio y espacio.
Escapar ya no es el máximo sueño. Ya no hay máximo
o ansioso poderío. Onda insalubre-telúrica llenando
la cabeza oh cabeza. Tú mismo, dijo el espejo
rallado-turbio, sotobarbo. Espejeo obleico oblicuo

del «Tú mismo». Sólo el espejo, su despedida de papel.
El frú frú de los cordones alejándose con saltos de
 Pulgarcito.
Sonaron las trompas anunciando la muerte de algún
 grande uomo
que a nadie importa. No sobre todo a mí, borroneando
detrás de la página de cera, que fais écran. Ya nada digo,
concentrado, como digo, en este curioso movimiento: el
más extraño. Me arrastra como una visión a la esquina
 del ojo
a la visión más allá de la esquina del ojo invisible a
 los ojos.
La evaporada verdad que ulula en toda verdad,
 resonando
como una gran carcajada. La carcajada del *grande
 uomo*
bailando dentro del catafalco que es casa de locos y
vetusta casona inundada. Ahora miro sin distancia
las hojas.
Río porque lo que me interesa no es saber. Ni la mano
que reposa pesadamente sobre mi cabeza, otrora
 espesa oh.
Adiós. Aletean el ala del pájaro, la aleta del pez, los rayos
de crayola del sol. No hay fin sino este ¡ah! al fin del fin.
Adiós, dije la última vez, escalón
que sustrae al escalón. Desnivel
entre el párpado y el ojo. La corneja
se desternilló. El gran tapiz resonó, violento-dulce,
 en el aire del: «No».
Me espera el espejo —sonreí.
Adiós.

Las visiones del cuervo

Y dijo:
he dejado de estar aquí
como un niño que se queda dormido
en el sillón del barbero.

Resonó en el azul,
en el largo vuelo del mantel
de cuadros negros y rojos,
allende las hojas amarillas
multiplicadas como el falso otoño
que nos confundió a todos.

Y era, aún, un mes desconocido.
Un rostro tras la ventana tapiada,
tras el labio cerrado
del poeta
sin sueño, sin edad,
sin padre, sin hijo.

Ojos que siguen la línea de puntos.
Besos desligados que regresan.
Oh multitud encadenada
sobre los siglos y su retablo
disperso.
Los péndulos, las cabezas.
Los detenidos insectos
enajenados,
nacidos en el cristal
como dudosas sonrisas

(o como aquella sonrisa
dividida por una bofetada).

Lejos de la flor de mayo
de desvaídos pétalos,
caída en el agua espesa,
reflejada en un cielo de ceniza,
en el hiptálamo herido
por una aguja de alcanfor,
como un rayo partiendo en
O
la simetría del ojo.

El verano resbaladizo,
sus cabañas abandonadas.

Los pies descalzos corren aún,
las cabezas saludan.

Huyen escarabajos diminutos
provisto de cuernos
por canales aún más diminutos,
donde tienen lugar
pequeñas siestas,
reuniones infinitesimales,
en una red sin fin
de balconaduras podridas
y falsos pasos.

El habla se seguía a sí misma
como una sombra.

Noche helada del condottiero
abrazado a su lanza
de papier maché;
esperando
no sabe qué
sobre los techos azules.

Yo, que vengo del mediodía,
lo olvidé.

Las sombras de los pájaros,
las uves infantiles sobre la bajamar.
Los cielos que nos estaban esperando
como guerreros leales
en el cuadrángulo verde
o en la alargada fractura caliente
del acantilado,
huyeron, se dispersaron
con una sonrisa.

Ah: la muerte y su sonrisa pintarrajeada.
La muerte y su desencantado carnaval.

El clown que expulsamos
no cesa de volver;
las noches que olvidamos, como una novia
que nos dejó sin explicaciones, vuelven también,
pues no hay nada tan persistente
como lo muerto.

La claraboya empañada ofrece

su tenue luz, oblongada, distante,
flechando sin signo,
invitando
a la separación.

Y así la cabeza sin dueño
sugiere callar,
cabeza esculpida
del gnomo,
cabeza redonda de hule
cubierta de estopa
que saca la lengua.

Pero no hay sueño.
Pero no hay milagro.

Sólo el hoy sin edad,
el ojo privado
de horizonte,
la franja magenta que emborrona
la huella del sol.

El brazo se levanta
y vuelve a caer, privado, también él
de su precioso reloj.

Bailes y ciudades continúan
en el rabillo del ojo
del niño.

Perversas canciones escritas

en insonoras banderas.

Oh mar —susurran los destituidos
marineros, crueles anunciadores
de lo que vendrá.

Y el fuego, también.
Quien dice: habla.

Sólo las noches
o esta noche infinita
lo saben. Reconocen
en el decir que nada dice
la discantada moneda:
moneda desencantada
que salta en el ideograma
preciso.

Navegando en el mar de cobalto
de las amapolas
dijo: vengo del espesor
negro y rojo
del bosque. Allí, por si quieren
saberlo, no hay nada,
salvo la niña de hule
que mira con un ojo fijo.
La huérfana, hija o madre
perenne,
con las medias caídas
sobre los zapatos
escolares.

Nada, salvo el sonido
de una hoz de plata.
Nada, salvo el golpe
a punto de resonar
como un mar de silencio
en el tímpano de hierro
del núcleo terrestre.

He aquí lo que no veo —añadió
con el ojo aumentado
por la legaña del rocío.

Cuervos del mundo, uníos.

Canción nuestra,
pagada en el foso donde el innome,
metamorfo, se confunde cada noche
con el salto sin odio de los animales.

Si lo sabré yo,
que vuelvo cada noche
como un fantasma
cubierto de nieve negra,
trazando un mismo círculo
alucinado,
prisionero del sueño más antiguo.

Y era, aún, la más desconocida
de las estaciones.

Quién no iría hoy hasta ese alto

donde había una ignorada lucha
sobre la hierba verde,
bajo las nubes veloces.

Todos los velos caen sobre una fecha
que no podría estar en ningún calendario.

El rostro que aparece en el espejo
es siempre otro,
como un ojo nacido de otro ojo,
doblándolo, rayado en la sombra.

Los pasos van y vienen en el sol,
alegres como niños
con zapatos nuevos.
La primavera no viene. El viento
señorea en las azoteas vacías.
El cielo es como el cristal, y los pájaros
se adhieren a él,
diminutos pájaros de papel, pintados de colores,
como tú los soñaste.

En el cuerpo del niño dormido
ya no duerme nadie.

Bodegón antiguo

Contiguo al sahumerio del vinón
quien dice clávula, clavícula, clavuco,
flota, flordelisado, florentino,
en estoque y muleta de osezno desmigajado.
Roto en espejo de centón oscuro
ése, oh, oblicuo al manoteo
del cucarachón maligno.
Es noche o día
en el agujero enrejado,
en el rayado pantalón del saltimbanco
que no salta
hundido en los globos de colores.
Sin excepción, soles veloces,
camineros con altas lanzas curvadas
que siegan, y siegan, y siegan.
Sin saludo, sin ese abatimiento
majestuoso de las amapolas
como grandes hongoideos de nariz fruncida.
Pues los esbeltos tallos han sido cortados sin piedad
y sólo queda
besar la tierra sin color, sonreír al párpado segmentado,
a los nervudos obreros privados de sus palancas
que sudan arracimados en el cuadradito azul.
Cuadra, acuartelar, cuartilla.
Oyó el discurso cerrado de la artillería
y el lento derretirse
de los soldaditos de plomo.
Iban saltando las letras una a una
como botones.

El viento iba peinando el cabello amarillo de las flores
y el tenso hocico iba serpeando
aquí y allá, en doble de bastos.
Muchas, muchas princesas
como figuritas recortadas —eructó,
metido a sabichoso en el brillo de la jarra.
Uvones dorados donde parpadea un ojo intenso,
como un cuerpo dormido que manotea en la celulosa.
Sorpresa —dijo la flauta,
repitiendo el trino de amor de los laudones.
Yo soy el que, yo soy el que —apostilló, clepsidreo,
ya sin noche en la noche de juguetes abandonados
y amistosas cabezas recortadas en el espejo.
Busque entre las jofainas y los aros —le dijeron,
entre los anillos azules.
Busqué, buscó, buscamos.
La oscuridad era aire y el aire era lo oscuro.
Esa luz perenne de la uña que raya,
del beso como una curva que no llega a trazarse,
arrumbado al fin como los toscos soldados
que huían sobre los adoquines con sonido de
   castañuelas,
al centelleo en ángulo de enfurecidas astas de toros
que rayaban el suelo mojado,
la pared iluminada del campanario,
y decían allí, niños y empobrecidos músicos,
desarbolados veleros y muchos, muchos adioses.
Noche cerrada del clavón que el pie precioso
interroga en la curva del vestido.
Su cabello, su negro ojo cincelado
en el exabrupto del cantor: yo era el cantor,

la cuerda polvorienta,
el ritmo luctuoso de los tulipanes.
Canción de entretelas que teje y teje sin sol, caricia
    o sueño,
en otras noches que no conoce la noche,
en países e iglesias nunca recorridos,
alzados y destituidos en un instante.
Salió, salí, salimos
al viento negro que se arremolina en los anillos de
    los bambúes.
Caras y ansiedades que nadie volvió a ver
asomadas como un relumbre en el vino,
en el aliento espeso y maloliente del vagabundo
que hace su ronda entre las moscas de los perniles
y las órbitas inhóspitas de las calaveras.
Yo también tuve una —hubiera dicho
no él sino el dedo hinchado sin la cuerda,
si no hubiera visto el hacha del mesero
colgando sobre los inocentes galopines.
Un alba sin color: he aquí la mía.
Flor última de la mano, de la bella sin su carta.
Ese oh del florete herrumbroso y destemplado
contiguo a la nariz del maestro harto de toda celada.
Mudó la noche, el cielo, el judeón o cuartería
con su portón sin hoja y su campanillero desorientado.
Aquí, Visarión —estertoró el gigante
con el sombrero embarrado en pan podrido.
Hubo, habrá, abril, habría —iba a entonar o quiso.
Pero sólo se oyó el castañeteo de la dentadura
y el restallar del pañolón del mesero
llevándose el viento de las velas.

Ésta era la fablada —dijo el nocheciendo
infinitesimal del humo
sobre el "abra la boca" imperioso del cristalero
que hace silbar el filo de las tenazas
sobre la boba sonrisa del malvavisco.
"Así" —dice el pintor, retrocediendo un paso.
"No lo mueva un milímetro".

Pedro Marqués de Armas

Pedro Marqués de Armas (La Habana, 1965). Poeta y ensayista. Ha publicado, entre otros, los cuadernos de poesía *Cabezas* (La Habana, 2002), *Cabeças e outros poemas* (São Paulo, 2008) y *Óbitos* (Leiden, 2015). Su libro de ensayos *Fascículos sobre Lezama* (La Habana, 1994) obtuvo en 1995 el Premio Nacional de la Crítica. Por *Cabezas*, recibió en el 2001 el premio Julián del Casal de la UNEAC. Es autor, además, de *Ciencia y poder en Cuba. Racismo, homofobia, nación* (Madrid, 2014), y editó la antología *Poesía cubana contemporânea. Dez poetas* (Lisboa, 2008). Actualmente codirige la publicación electrónica de literatura *Potemkin ediciones*. Reside en Barcelona.

Leer a Büchner en aquellas condiciones era errar el tiro. Caminar, eso sí. Andar mucho y de cabeza. Caminar se podía todo el tiempo. Pero no establecer relaciones entre la tautología del paisaje -hilo de lábil demencia- y la materialidad de algunas frases. Como esta, por ejemplo: "Lenz pasó por la Sierra". En fin, ninguna lengua es suficientemente viva. Y así como ciertos caminos están ahí para ordenar la locura, lo mejor es seguir de largo...

Mandrágora

En el borde interior de la frontera, que otros prefieren llamar callejón sin salida, -B se mató.

Claro que todas las fronteras son mentales, y en el caso de B mejor sería hablar de dos.

De modo que B se mató entre el borde interior y la cresta de un pensamiento que ya no se le desviaba.

Para catapultarse, tomó aquellas raicillas de un alcaloide que había clasificado, y, echándose sobre el camastro de trozos fusiformes, al fin encontró lo que buscaba: calle de una sola dirección en la que todos los números están borrados, y los blancos pedúnculos mentales se desvanecen en una materia de sueño.

La nueva estirpe

a Jorge Yglesias

Ya viste los monos en la barcaza
así el *delirium* de percepción
animales brotan de las celdillas
del cerebro, en ininterrumpida población

y viste alguna roca peduncular
con la vara de cedro ruso que golpea
la puerta: mono, rata, lo mismo hombre
oscuros tejemanejes del anti-Dios.

Pequeña China

                A Rolando Sánchez

eran China
las murallas que se abrían
para que tú
pasaras (de largo)
por la red de caligramas

segmentos duros
abiertos (al paso)
en los rollos del Maestro Ka´

cada cual
su pequeña China de dedal
donde uno de dolor
parecía (azul franela
el moño largo)
o en cuadrillas de ocho
maquinales

(es un grabado...)

más la hoja de cuchilla
de Lapicque
tensa y brillante
orladas nubes
por lo bajo acanaladas
gotas de hiel
cayendo

como cajas de bolas
en trenes de lavado
al corredor de pulserías
el arte de tomarlo
en tres puntos del radial

crujiente esqueletamen
por el cuello de alambique
ya colgaban

al paso de las Ursulinas
una exacta picota de coolies
la farmacia o quincalla
de los plúmbeos soldaditos
de una legión de maos

bajo el cielo
igual color plomo
los ejidos (mozárabes)
de una capilla de Asís

al lado
la lometa que drenaba
al oriente
el dragón de corazón
del cinema regresando
al poniente (por fin)
por si el eje se partía
el jarrón con las flores
del cornezuelo
de centeno

y el bosque
de granadas

así
se derramaban (las murallas)
antes de la Gran Revuelta
como el ratón
hace China de su madriguera
subir la cuesta

¿qué muestran
en este punto los rollos del Maestro Ka´?
"como que no hay firmeza
en lo que pisamos
en inarmónicas partes
rodamos"

ya drenaban
(las murallas)
partículas ultra
rotas
desde el cielo
se las podían ver:

el terreno
era lleno
pero el plano
llano

cada cual
su pequeña China de dedal

donde uno de dolor
perecía (y de pedal
también)

el sol
sobre los ideogramas
mas el ratón ¡cataplún!
a la caja ya encerada
que en cuadrillas de ocho
una a una colocamos.

(crónica)

A Francisco Morán

el chino que colgaron de un pie
en la caleta de San Lázaro
el que se metió de cabeza
en los filtros de Carlos III
el empalado de la loma
del burro el trucidado
del camino de hierro
el último peón

toda esa gente en aprieto
toda esa gente a la sombra
de qué

el que bebió la flor (pública) de los urinarios
el que degolló al Conde y lo dieron por loco
y después inventó un aparato para matarse
(Engranje-Sin-Fin)

el verdugo que entraba por el boquete
el que le cortó la cara al Padre Claret
en un raptus luego de misa
el embozado que le pasó
la chaveta el que empleó
el veneno que no deja
traza (Rosa francesa)

toda esa gente en aprieto
toda esa gente a la sombra

de qué

el amante de la Bompart
apresado en el Hotel Roma
a 30 yardas de la Iglesia de Cristo
el que gritó -ante la trigueñita de los doce años
y el padre enloquecido colgado de un gancho-
ansias de aniquilarme siento el que soportó
el giro del tórculo no a las legionelas
el que arrojó vitriolo al negrero Gómez
junto al altar el que prendió yesca
el que echó la mora al agua
atada al cepo -dicen-
desde la eternidad

toda esa gente en aprieto
toda esa gente a la sombra
de qué

Para que aprendas el valor de cada época

Radioescucha en sus ratos libres, supo lo que era un capataz de cuello blanco; y nada pudo, minúsculo inquilino, ni tal vez le importó, cuando los jenízaros tomaron el negocio por asalto. Nada, salvo asentir como corresponde a un empleado apenas voluntarioso y adscrito sin remedio a la legión de los muertos.

Pero el día de la defenestración pudo ver desde aquel ángulo a doctores y soldados brindar a solas, entre fusiles y manojos de llaves, casi amigablemente como en una puesta en escena.

Por supuesto, siguió pegando rótulos mientras lo que era Atracción Sarrá se convertía en "Empresa Consolidada".

Y para que lo viese con mis propios ojos me llevó al callejón tapiado, en lo que había sido una antigua cochera, donde dos o tres tortugas centenarias (iba a decir fundadoras) sobrevivían a un embalse.

"Para que aprendas el valor de cada época" -me dijo- "y el modo en que hay tratar con esta gente".

Bajo anestesia

Qué puede un chino en Sibanicú
sino apoderarse de un apellido
vasco tal vez

Y rodar una existencia sin ramas
(desde luego
no híbrida)

Qué podría semejante salto
transgénico en su
trashumamiento

Ningún ratón adiestrado
en echar bibliotecas abajo
apresaría (jamás)
aquel santiamén

Demasiado onírico
para no ser real

Podría llamarse Mardaraz
resistir elevadas temperaturas
y otros empalmes
(históricos)

Cometer el crimen de la hora
llevar el cine (mudo) al pueblo
y hasta cambiar las lindes

Siempre de paso
el muy malandrín
seguramente tuvo su calvario

Das Kapital

Sanguineti, pescado chico,
el 18 del Gruppo 63 (según la foto)
el que escribía como conversaba
poniéndolo todo entre paréntesis
(familia, historia, el puntilloso
mundillo intelectual,
el nervio mismo de la poesía
—nada, si se mira, en comparación
con la punta del cigarrillo)
mordió el anzuelo y murió *alla fine*
boqueando —me cuentan— el pasado 18
en Ospedale di Villa Scassi di Sampierdaren
"¿no ven qué es un aneurisma?" —sin cabal
asistencia (inexistido) este sí
grande de la Utopía
pescado al sol

Komi

no sé si aprecias
(como yo) las virtudes
del pueblo Komi

nunca estuve en Komi
no hay que haber estado
en Komi
para apreciarlo

no es broma
ese pueblo
sin Estado

ni son conjuros
esos chamanes
demasiado
abstractos

ahora que te fuiste a Komi
temo que no vuelvas

tú (tan en blanco)
como yo

Catálogo

A Dolores Labarcena

Una cajita de cedro con varias vitolas
Una baqueta de cama, encarnada
Una dicha común, blanca sin flor
Otra baqueta llamada de Hungría
Una piel de carnero, con su lana
Una silla de montar, sin fuste
Un sillón de Señora para montar
Una bota de suela doble con pierna de marroquí
  colorado
Una bota pespunteada, invención del autor
Un alfiler de cuarenta y tres brillantes
montados al aire y engastados en oro
Un par de candados de aretes
con cincuenta y dos diamantes de Holanda
Una pieza manguillo y dos flores de frontil
Una leontina de oro figurando
una cadena de buque con su ancla.

Dos braceritos, ídem
Una bombona para tachos de ingenio
Una flauta armónica cantante, de ébano
Una máquina que goza el privilegio de picar tabaco
(con su explicación)
Siete ejemplares al Daguerreotipo
Un quitrín fabricado en esta Ciudad
Un molinillo de ácana y marfil
Un espejo cuya luna está azogada por el autor
Una casaca negra, con su facistol

Un pantalón de casimir blanco
Un chaleco de paño negro, delineado
Dos cabezas de cartón con sus pelucas
Una peluca en su envase de pino

Unas cuantas figuras bailando la polka,
y un león
ídem

Radamés Molina

Radamés Molina (La Habana, 1968). Estudió historia en la Universidad de La Habana y en 1994 llegó a Barcelona, donde estudió filosofía en la UB y trabajó en la editorial Paidós hasta el año 2000. Entre 1998 y 1999 hizo estancias de investigación en el Wittgenstein Archive, en Cambridge, Reino Unido. Ha traducido libros de Panofsky, Feyerabend, Scholem entre otros. En el 2001 publicó *La idea del cosmos*, en Paidós Ediciones, y en 2007 *El libro de las parodias* en Linkgua. A principios del 2000 fundó su propia editorial, Linkgua, de clásicos de la literatura hispanoamericana, la cual, actualmente, cuenta con un fondo de 1.600 títulos disponibles en papel y en digital.

Carta de la hija

Padre
quiero ser
una estrella

Tus largos viajes
las monedas
el amor
el lujo
me son ajenos

Una muralla
es mi vida
Tu viaje a Damasco
sola me dejó

La luz
atraviesa la puerta cerrada
La luz
atraviesa la puerta
y extiende la mirra
de mis manos
más allá

La mirra fluyó de mis dedos
y atravesó la cerradura

Padre, te miro
a los ojos
y apartas la vista

Soy la luz
en el desierto de Tartaria
Tu caravana
perseguía
en vano el Sol
y tú a solas
te confortabas
con el brillo
de tus monedas

I. VISIÓN MÍSTICA

Lo que se ve primero son las dos ruedas
de una calesa muy baja
conducida por un esclavo
magníficamente vestido

Sus polainas charoladas cubren desde los tobillos
hasta las rodillas,
y descubren la caña de la pierna negra y lustrosa;
un zapato también perfectamente negro y reluciente,
adornado con un lazo,
completa este singular calzado
El pantalón de lienzo blanco del calesero
y los escudos de armas bordados
en los galones de su casaca
hacen resaltar más el negro de su tez
los matices negros de sus botas
y su sombrero de galón

II. Visión mística

Mediante un poderoso esfuerzo,
el calesero dobla la punta de la lengua hacia dentro,
empuja la glotis, la tráquea ésta cerrada,
no hay entrada ni salida de aire en sus pulmones

He aquí lo que el vulgo llama tragarse la lengua,
y que nosotros llamamos suicidio
o asfixia por causa mecánica

Durante mis viajes a la costa de África
supe de casos como este;
pero es el primero que veo por mí mismo

Este tipo de muerte,
como la del ahogado,
no produce la asfixia inmediata

Siempre barrocos

El esfínter, como una flor encarnada, escucha los murmullos. Se deslizan algunas palabras en la lengua del oso hormiguero, hecha para cazar hormigas en laberintos. Las manos separan los pétalos. Bajo la extraña lengua del oso los pétalos se cubren de esmalte. La mujer siente que su flor hierve.
Luego los dedos se hunden. La mujer siente un nuevo ataque de ardor. El hombre murmura otra frase en la lengua del oso; anima un latido que convierte la flor en una garganta. En un instante el falo aparece, el aliento del esfínter lo quema. Algún anillo que aún no logra su ritmo resiste; luego se rinde. El hombre siente que las cerdas finísimas de un pincel se aplican a su falo y trazan un enigmático y caricioso dibujo.
En este instante se dice: «Te amo, te amo Albertine», frase en extremo intelectual. En la vida apenas puede pronunciarse con todos sus matices. «Amar, buscar el amor» es deseo de novela. El amor y los amantes son los temas de la época, como en el Quijote los caballeros y la nostalgia. Esta época cree más que en el amor en sus palabras.
Como en un acto de tauromaquia me lanzo una y otra vez contra una capa de terciopelo rojo que Albertine agita. El terciopelo me envuelve, embisto una y otra vez. Albertine intenta tragarme con su cuerpo. Cada embestida la hace gemir. Ella siente casi en su garganta el animal que la penetra por la espalda.
Luego contiene el aliento y se aplica contra mí con la capa y la caricia del terciopelo. Desafía a la bestia;

impone la capa en su rostro. En cada embestida el hombre y la mujer sienten las palabras que los describen y excitan.
Luego el toro exhausto y la espuma en su boca.
—¿Qué sientes?
—Me pesan las palabras —dice el hombre.
—No vale la pena discutir —afirma Albertine y sonríe.
—Tal vez tengas razón... espero no hayas olvidado aquella vieja idea. Busca en ese estante... el tercer libro. He marcado algunas cosas. En medio de una cópula se lee que «Amar, buscar el amor es deseo de novela».
—¿Quieres hablar de otra cosa?

—No... me gusta ese fragmento aunque me pesen las palabras, tal vez escriba una historia que termine con un hombre que lee algún libro.

PLEGARIA

Nosotros, Señor, vivimos en la aldea que está al pie
    de la montaña
lustramos, Señor, los zapatos de nuestros hijos;
lavamos sus ropas en el río
cuya fuente conoces
para que asistan limpios a las clases de religión
ética
y todas las ciencias que tú apruebas

Bien sabes que no blasfemamos
y que hemos cuidado nuestros jardines con amor
sabes que nosotros subimos a la montaña cargados
    de ofrendas:
pagamos nuestros impuestos
somos puntuales
te llevamos flores, panes y peces

Sabes, Señor, que recogemos maderos y piedras para
    construir nuestras casas
que el algodón de nuestras telas se recoge en tus
    campos

Sabes que nunca gozamos de tus dones
sin antes ofrecerte nuestras plegarias

¿Por qué, Señor, todo lo que hacemos con nuestras
    manos envejece?
Levantamos una casa con las piedras
de tu mundo y se ve vetusta en pocos

años
Tejemos una tela con las fibras de tus plantas
y en pocos años está raída

¿Por qué la vida de nuestras cosas es tan breve
si esas mismas cosas son eternas en la montaña?

¿Por qué no vemos a las piedras envejecer?
¿Por qué cada año brota por sí solo el algodón
    silvestre y renovado?

Linaje

Cada noche antes de dormir
cuentas las monedas de oro
que ganarás en Venecia
con la seda que traes de China

Cada una de tus monedas de oro
cada uno de tus esclavos
cada página de tu diario
extiende tu linaje
enaltece tu descendencia

El espía

Hume es enviado como diplomático desde Inglaterra para que espíe a los franceses. En breve tiempo es considerado un simpatizante de Francia. Con sus informes salva a los suyos de las ofensivas francesas que él mismo alienta y organiza; y entre los franceses nadie sospecha que un ferviente defensor y cronista de la Revolución pueda ser un espía. Los informes son enviados con puntualidad hasta que Hume recibe la orden de regresar a Londres. De vuelta los suyos le preguntan cómo hizo para llevar las cosas a ese extremo. Hume responde que le resultaba imposible delimitar en qué medida era un espía y en qué medida un agitador revolucionario.

Los franceses envían un grupo de hombres con el propósito de rescatar a Hume; irrumpen en su mansión inglesa, no hay sobrevivientes entre sus guardaespaldas y criados; Hume, el gran defensor de las ideas revolucionarias, es conducido otra vez a París en medio del clamor popular de los franceses.

Paisaje después de los sucesos

En mi proyecto de historia Fiodor —así he decidido llamar a su protagonista— repite una escena de La guerra y la paz.
—Es muy común —sugiero alguna idea que desencadene los sucesos— que los hombres sólo aparezcan en los paisajes para indicar las proporciones de los objetos.
Fiodor me escucha y afirma:
—Tú puedes tener un modelo humano.
Yo por mi parte empiezo a creer que ha sido un error hacerle evidente que escribo una historia en la que él es el único modelo.
Yo deseo una especie de historia sobre la historia, marcada por la sensación de que el presente se acepta de manera absoluta.
En realidad no creo que importe la existencia de Fiodor, me temo que Fiodor es una marioneta. Todo es un remedo, sólo incluyo un detalle trágico. En la escena de La guerra y la paz un hombre apuesta que puede beber una botella de Vodka de un trago, sentado en la ventana de un edificio muy alto. En mi historia Fiodor repite la escena y se precipita en el vacío.

En el final de «Paisaje después de los sucesos» se nota la muerte de Fiodor. Estoy sentado en la ventana, miro el paisaje: ver cumplida esta escena es mi único propósito.

Soneto

Los dos cuartetos son de construcción paralela; van seguidas cuatro exclamaciones, cada una ocupa dos versos. El primero y el quinto son bipartitos, construidos en quiasmo. El segundo verso presenta una serie, que por lo extenso de sus términos resulta una gradación. El tercero está adornado por una anáfora —aliterada— y una metáfora, mientras que en el cuarto encontramos una antítesis. Incluye el sexto una construcción paralela. En el octavo destacan dos metonimias antitéticas algo gastadas. El ornato de los versos noveno y décimo es en expresiones sinónimas, formando quiasmos las del verso décimo. En el undécimo actúa —además de la metáfora— el ornato de la aliteración, que continúa en los versos siguientes. En los últimos versos del soneto se enumeran todos los objetos indicados en los versos anteriores, en el mismo orden en que aparecieron antes.

Otro cuento chino...

Un anciano tenía una yegua.
Un día la yegua huyó y sus vecinos le dijeron:
—Ahora ya no tienes caballo. ¡Qué mala suerte!
El anciano se limitó a preguntarles:
—¿Saben si eso es bueno o si es malo?
A la semana siguiente la yegua regresó acompañada de dos sementales.
—Ahora con tres caballos eres un hombre rico —le dijeron los vecinos—. ¡Qué suerte tienes!
—¿Saben si eso es bueno o si es malo? —preguntó otra vez el anciano.
Ese día su hijo único intentó domar a uno de los animales, pero éste le rompió una pierna.
—Ahora ya no tienes a nadie que te ayude —le dijeron los vecinos—. ¡Qué mala suerte!
—¿Saben si eso es bueno o si es malo? —repitió el anciano.
Al otro día los soldados del emperador pasaron por la ciudad alistando a todos los varones primogénitos de cada familia, pero dejaron al hijo del anciano por tener la pierna rota.
—Tu hijo es el único primogénito de China que no ha sido separado de su familia —le dijeron los vecinos—. ¡Qué suerte tienes...!
—¿Saben si eso es bueno o si es malo? —insistió una vez más el anciano.

Página ciento ocho

Se escucha el teléfono. Un hombre llama a una mujer.
—¿No la molesto llamándola a esta hora? ¿No piensa venir?
—No creo que sea posible —le responde ella.
—Puedo asegurarle que la necesito. Muchas veces he deseado a la mujer de la página ciento ocho. No se resista, tengo la certeza de que la necesito.
—Quiero hacerle unas preguntas —dice la mujer— aunque tal vez no las entienda: ¿Quién cree que se enfrenta a una pieza de ajedrez durante el juego? ¿Las piezas del enemigo o las reglas que restringen su movimiento?
—No sé a qué viene esa pregunta. Supongo que nada de esto ocurre en la página ciento ocho. En todo caso siempre supe que la mujer de esa página es inteligente. Por favor déjelo todo y venga conmigo.
—¿Ha leído alguna vez ese relato?
—No, pero sé que es un relato amoroso.
—En realidad en esa página mi amante asiste a los sucesos con absoluta inocencia.
—Yo no soy inocente.
—Usted es el hombre que espero.
—¿Entonces usted miente a ese personaje que, según cuentan los lectores de la página ciento ocho, la desea con tanta vehemencia?

Carlos A. Aguilera

Carlos A. Aguilera (La Habana, 1970) Narrador, poeta y ensayista. En 1995 ganó el Premio David de poesía, en La Habana, en 2007 la Beca ICORN de la Feria del libro de Frankfurt, y en 2015 la Cintas en Miami. Ha publicado *Lorenzo García Vega. Apuntes para la construcción de una no-poética* (Ensayo, España, 2015), *Clausewitz y yo* (Nouvelle, México, 2015), *El imperio Oblómov* (Novela, España, 2014), *Discurso de la madre muerta* (Teatro, España, 2012), *Teoría del alma china* (Relatos, México, 2006), *Das Kapital* (Poesía, Cuba, 1997) y *Retrato de A. Hooper y su esposa* (Poesía, Cuba, 1996). Ha preparado además las antologías *Memorias de la clase muerta. Poesía cubana 1988-2001* (México 2002), *La utopía vacía. Intelectuales y Estado en Cuba* (Ensayo, España, 2008) y *La patria albina. Exilio, escritura y conversaciones con LGV* (Ebook, 2015), entre otros. Codirige el fanzine de arte cubano Carne Negra y el portal político-cultural inCUBAdora. Desde el año 2002 ha vivido en Bonn, Dresde, Frankfurt, Graz y Hannover. Actualmente reside en Praga, República Checa.

MAO

Y sin embargo hoy es famoso por su cerebrito verticalmente
        metafísico
y no por aquella discusión *lyrik*proletaria entre gorrión
        *vientre*amarillo
        que cae y gorrión
        *vientre*amarillo
        que vuela
o paréntesis
entre gorrión *vientre*amarillo que cae
        y gorrión *vientre*amarillo
        que *no*vuela
como definió sonrientemente el economista Mao
y como dijo: "Allí, mátenlos..."
señalando un espacio compacto y ligero como ese
        *no*único gorrión
        *vientre*amarillo
devenido ahora en el "asqueroso gorrión *vientre*amarillo" o
        en el "poco
        ecológico gorrión
        *vientre*amarillo"
enemigo radical de / y enemigo radical hasta—
que destruye el campo: "la economía burocrática del
        arroz"
y destroza el campo: "la economía burocrática de la
        ideología"
        con sus paticas un-2-tres
        (huecashuecasbarruecas)
        de todo mao*sentido*
como señaló (o corrigió) históricamente el kamarada Mao

en su intento de hacer pensar por enésima vez al pueblo:
    "esa masa estúpida
    que se estructura
    bajo el concepto fofo
    de pueblo"
que nunca comprenderá a la mao*demokratik* en su
    movimiento
    contra el gorrión
    que se muta en
    *vientre*amarillo
ni a la mao*demokratik* en su intento (casi totalitario) de
    no pensar a ese
    gorrión
    *vientre*amarillo
que no establece diferencias entre plusvalía de espiga y
    plusvalía de arroz
y por lo tanto no establece diferencia entre "tradición
    de la espiga" y
    "tradición del
    arroz"
como aclaró Mao dando un golpe en la mesa y articulando:

o lo que es lo mismo: 1000 gorriones muertos: 2 hectáreas
    de arroz/ 1500 gorriones
    muertos: 3 hectáreas de
    arroz/ 2600 gorriones
    muertos: 5 hectáreas de
    arroz

o repito ch'ing ming
donde el concepto *violencia* se anula ante el concepto
    sentido
    (época de la cajita
    china)
y donde el concepto violencia ya no debe ser pensado
   sino
   a partir de "lo
   real" del concepto
   unsolosentido (como
   aclaró muy a tiempo
   el presidente Mao y
   como muy a tiempo
   dijo: "si un obrero
   marcha con *ex*tensidad:
   elimínenlo/ si un
   obrero marcha con
   *in*tensidad: rostros
   sudorosos con 1 chancro
   de sentido")
subrayando con una metáfora la *no*fisura que debe existir
   entre mao*demokratik*
   y sentido
y subrayando con la misma metáfora la fisura que existe
   entre tradición y
   *no*sentido: generador
   de violencia y
   *a*orden / generador de
   nohistoria y "saloncitos
   literarios con escritores
   *sin*sentido"

como anotaron en hojas grandes y blancas los copistas
>   domésticos del
>   padrecito Mao
y como anotó posteriormente el copista Qi en la versión
>   final a su *vida e*
>   *historia del presidente*
>   *Mao* (3 vol.) donde
>   explica lo que el filósofo
>   Mao llamó "la superación
>   de la *feudo*historia" y
>   cómo/cómo/cómo (preciso)
>   habían pasado de una
>   *feudo*historia (y una
>   *micro*historia) a una
>   *ideo*historia y a una
>   *eco*historia e inclusive
>   de un "no observar con
>   detenimiento la historia"
>   a una "manipulación
>   pequeña de la historia"
>   (Pekín/Pekín: hay que
>   regresar a Pekín...)
como reescribió el copista Qi en ese *corpus intellectualis*
>   del kamarada
>   Mao
y como se vio obligado a corregir el (definitivamente)
>   civilista Mao al
>   coger un cuchillo
>   ponerlo sobre el
>   dedo más pequeño
>   del copista Qi y

        (en un tono casi
        dialektik/militar
        casi) decirle
        "hacia abajo y
        hasta el fondo"
(crackk...)

B, Ce-*

En casa de mis padres nunca hubo un gainsborough
el
permis-o
estatal,
o,
el lenguaj/e
cianótic
o
de
u
n
gainsborough
(deforme,
torcid-o,
como
ciertos e-stamentos clínicos de Ce-,
o,
cierta-s notas
políticas
de
chopin

---

* Este poema ha sido construído con fragmentos de Gottfried Benn y Paul Celan. O mejor, con la distorsión de algunos versos de G. Benn y P. Celan. La idea inicial era mostrar cómo un poema tambien podía devenir campo de reclusión, lugar donde se encierran, distorsionan y caricaturizan determinados emblemas de vida-obra, y donde no se ofrece ningún tipo de solución. Para suerte o desgracia, creo que lo que logra B,Ce- es exactamente lo contrario. A Dios o Carlos Marx, gracias. (Nota del autor)

-estrategia
a
proximativa del
sujeto plusváli
/co-):

Vertedero
Vertedero

chopin pro-h-
ibido, o
, chopin
religioso (e
s decir: con la sotana negra de los que cortan la carne);

o: d-
o
nde
respira,

pro-
ces-o mecánic
o
para
establecer
una
p-roducción mas-iva
d-el
Estado,
"ocupación y dinero"
(ha

dicho Ce-),

"test
í-culo
amigdaloeconómico"
(ha
escrito Ce-)

o: donde
el gen tuberculoso
(lo que l-o convierte, de hecho, en un *infans* de novela)
s
e materia-liza
e-n
e-sa
forma
que se prolonga:
(gusanito-gusanito);

a
cuánt-o
asciende la carne podrida de un maestro en
alemania?
a
cuánt-o
l
a caca pastosa
de un maestro en
alemania?;

costra ideológic

a
de *ese*
saber
que lee o no en editoriales,
que ob-
serva, en
las vidrier-as [cocaína de un profundo mental],
la(.)ovulación
(.)judía
(.)de(.)
lo
(.)que(.)se(.)
mueve
(.),
o: metabolismus;

        froteur
        froteur
        (lv, 6-7)

as(sssssssss)co,
anular e
l proceso
(el-engranaje-totalitario-del-proceso,
el en-
granaje qu/e
convierte
en
totalitario
al
proceso),

o: la
percepció-n
mítica del reich
contra
la
máquin-a
(corta la res: distribuye,
corta la res: "el-dinero-en-la-banca"):

flesh/f
lesh/
fle-
sh/
como el que lasquea la te-o-ría factual de los
objetos
u-
sados ;

"tu
excremento a-
necoico s-ulamita,
tu
cerebro
esquizoide m
argarita",
cancioncilla ligera de un determinado
hábita-t
cerebralis;

o: torsssssssssssssssssssssssssión,

sin
hacer per/ceptible la m
utación
física
permanent-e del agua,
en
relación
c
on las
condiciones
de
temperatura e-n el ambiente:
"z
ona equis d
e
poder"
(ha dicho Ce-),
a-vanzan
do
con la premura fofa de un monje hacia el mercado donde
                                        revenden
                                        el
                                        arroz;

músculos:
dos
tres-d
os: haci
a-a
bajo ;

músculos :
dos
----
tres
----
dos :
h-
acia ab-
ajo,
con lentitu-d ; c
itando frases de wittgenstein y pound),

músculos:
ha-ci-a-a-ba-jo,

(h-acia
las
notas
políticas
(y, no encontradas)
de
u
n
chopin
en
bucovina
(« la tos, la tos :
cuidado con la tos») :

esputo.

CRONOLOGÍA

1926. Wittgenstein publica *Vocabulario para las escuelas primarias* (Wörterbuch für Volksschulen). Edición empastada. Ribetes dorados. Letras góticas. Papel de hilo: 15 x 12 cm. Setecientos ejemplares, con sobrantes para el autor. Después: "mi *Wörterbuch* me llevó hacia una visión más pragmática del lenguaje" (a *Carnap*). Y después: "mi Wörterbuch me reveló, de una vez, el valor de uso del lenguaje" (a *Carnap*).

RELATO. Wittgenstein elabora unos "falos" pequeños, en estado de erección, que obsequia (de una manera lúbrica) a sus alumnos. Estos "falos" (de: masa-cruda-de-pan-y-resina-blanca-de-alerce) eran hechos, siempre, por la mañana, y al regreso (horas después): ya estaban endurecidos. Estos "falos" se pulían, se enceraban, y se colocaban en un hornillo (con huecos redondos e irregulares de tamaño mediano) *hasta su total y consecuente desecación.* Más tarde eran extraídos (y regalados) uno-a-uno, con sutileza.

Gotas de láudano (por día)
70
73
70
80
96
102

CLÍNICA. Secreción humorosa con peste. Pequeña inflamación en el bajo vientre. Escoriaciones rojizas en la piel. Irritación en los bordecillos del glande. Erección dolorosa. Cefalea. *Neisseria gonorrhoeae* (Gonococo).

TOPOGRAFÍA. El maestro de escuela Ludwig Wittgenstein camina —a diario— 1 km. hasta la granja *Fetus* de la familia Traht. Allí, come y bebe a su gusto. Después, sin hablar, se retira hasta el otro día —a la misma hora—. *Biógrafo:* ¿Aparte de comer, hacía otra cosa el *maese* Wittgenstein? *Sra. Traht*: Sí, me decía: la verdadera filosofía es el acto de saber escupir a los demás. Y enseñaba los dientes.

LA EDUCACIÓN SENTIMENTAL. Un excremento largo y seboso (de color amarillo-flema) sale por el ano de Wittgenstein. Wittgenstein hace varias muecas, cierra los ojos, aprieta el abdomen. ¡Uff!, exclama. *Comidas del día anterior:*
- Sopa de albondiguillas
- Centeno
- Buchteln
- Pulpeta de granos

DAGUERROTIPOS DE MARGARETHE
STONBOROUGH-WITTGENSTEIN.

(1889)   (1923)

QUIASMA. "Tenía razón nuestro padre (*a la hermana*), Trattenbach, no es más que una aldea sucia de campesinos inútiles (*a la hermana*). Ellos (*a la hermana*) lo frenan. Si fuera por mí (*a la hermana*) estuviera todo el día dándoles bofetadas" (*a la hermana*). Frase: esas nobles almas Campesinas / Tolstoi. Escribe *Baum, el biógrafo*: Wittgenstein decía con frecuencia que lo que a él le importaba era sacar "a los campesinos de la basura". (*A la hermana*, días después): "campesinos *cochinos* y sin lógica. Eso es lo que encuentro". Y más tarde, a *Russell:* "Ya Ud. sabe, un pensador, como yo, debe asistir al encuentro con lo enfermo."

BIBLIOTECA. Tolstoi: *Cuentos populares*. Dostoievski: *Novelas*. Carroll: *Fotografías*. Libros de aritmética. Una pequeña biblia (*a Russell*) que "uso sólo para limpiarme en el escusado" (*a Russell*).

ANÉCDOTA. Una tarde (dos-de-noviembre-de) golpeó con una vara a un niño/alumno, al que en seguida fue necesario sacar del aula; al parecer, se había desmayado. (Aquel alumno, un-tiempo-después, falleció.) Los campesinos "por este único y vulgar motivo" (*a la hermana*) procedieron judicialmente contra él. El proceso se celebró en Gloggnitz. En él, aunque el maestro de escuela primaria Ludwig Josef Johann Wittgenstein fue absuelto, se incluyó un resumido examen psiquiátrico sobre el estado de salud mental del profesor. (*Baum*, el biógrafo.)

DISECCIÓN DE UN COLEÓPTERO HECHO POR WITTGENSTEIN PARA LOS ALUMNOS DEL QUINTO AÑO DE TRATTENBACH.

INFORME. Los vómitos sucesivos del Sr. Wittgenstein hacen que su casa (construida con madera y piedras de Otthertal) permanezca en estado constante de pudrición. Una visita de trabajo realizada por los oficiales de la Municipalidad de B. ofreció los siguientes resultados:

1. Dispensar al ciudadano Ludwig Wittgenstein de sus labores como profesor de la escuela primaria rural del condado de Trattenbach.

2. Dispensar de otras labores (u otros *oficios*) al ciudadano Ludwig Wittgenstein hasta que su documentación (papeles y objetos personales) no sea debidamente procesada y revisada por los agentes de la municipalidad de B.

En vista del total cum...

(Y Wittgenstein: "este lugar huele tan mal, que mi cabeza muchas veces se hincha como un grano purulento que echa excrementos por la boca" (a *Carnap* y, a *Carnap*): "estos olores sólo son soportables por una cabeza tan lúcida, y tan poco judía, como la mía".)

SCHREBER (EL ZAPATERO). Había allí —señala— una línea de cal-blanca. Una línea recta (que todas las tardes los campesinos *comenzaban y terminaban* de hacer). Wittgenstein se entretenía dando carreritas hacia delante sobre esa línea y dando carreritas hacia delante *fuera* de esa línea. Hasta que destruyó y borró (de una manera clara) todos sus contornos. Cuando no, escupía encima de la línea y pateaba sobre ella (con histeria) hasta que sus bordes de cal blanca comenzaban a desaparecer. Entonces era que se calmaba y comenzaba len-t-a-men-t-e a dictar sus clases.

1927. Wittgenstein es sorprendido intentando sodomizar a un niño "oligofrénico y baboso (*a la hermana*) como todos los campesinos y obreros de este lugar". Es expulsado. *Reporte:* Mientras las familias de Trattenbach realizaban una procesión religiosa a las 20:00 horas (local) por los alrededores del Condado fue sorprendido el ciudadano Ludwig Wittgenstein abusando de la "integridad" de un niño de sólo seis años. Según los vecinos, fue posible intervenir a tiempo gracias a los gritos de la víctima y al forcejo ruidoso con el citado ciudadano. Y Wittgenstein, a *Russell*: "He sido *sacado* de Trattenbach por una causa menor e higiénica. A partir de ahora el sentido de mis cartas será preciso: regreso a la filosofía (no hay otra solución). Mi vida ha estado tan podrida que lo mejor es que acabe de reventar."

1928. Wittgenstein regresa a Viena.

NOTA: Como se ha escrito varias veces, Wittgenstein publicó en vida únicamente dos libros: el *Tractatus* (1922) y el *Wörterbuch für Volksschulen* (1926), así como un artículo en inglés: "Some remarks on logical form" (1929). Además, dejó preparado para la imprenta otro libro: *Philosophische Untersuchungen* (del que se conserva sólo la primera parte). Todas las demás obras publicadas después de su muerte son en realidad "compilaciones" realizadas por los administradores del legado literario (*Nachlass*) de Wittgenstein. Este texto (o biografema) fue construido, precisamente, con esos otros libros que fueron saliendo después de su muerte y subrayan el carácter *íntimo,* cuando no *civil*, del profesor Wittgenstein. Salvo uno o dos sucesos que aún no han sido confirmados, todo lo que se ha escrito es jurídicamente real y preciso. Para no acceder a errores nos hemos reducido sólo a una "etapa" de la vida de Wittgenstein, la que avanza de 1926 a 1928. De ahí en adelante pueden ser consultados los diferentes tomos de *Cartas* y los diferentes tomos de *Escritos.* También: *Ludwig Wittgenstein, Vida y obra,* de Wilhelm Baum.

Rolando Sánchez Mejías

Rolando Sánchez Mejías (Holguín, Cuba, 1959). Vivió en la Habana desde 1965 y exiliado en Barcelona desde 1997. Ha publicado libros de narrativa y poesía: *5 piezas narrativas* (Habana, 1987), *Collage en azul adorable* (Habana, *Letras Cubanas*, 1989), *Historias de Olmo* (Madrid, *Siruela*, 2001), *Cálculo de Lindes* (México, *Aldus*, 2000), *Derivas* (*Letras Cubanas*, 1994), *Escrituras* (*Letras Cubanas*, 1994). *Cuaderno de Feldafing* (Madrid, *Siruela*, 2004). *Historias de Olmo* se publicó en Alemania, *Ed. Shöffling*. Antologías realizadas: *Mapa imaginario: Nuevos poetas cubanos* (Habana, 1995), *9 poetas cubanos del siglo XX* (Barcelona, *Mondadori*, 2000), *Cuentos chinos maravillosos* (Barcelona, *Océano*, 2002), *Obras maestras del relato breve* (Barcelona, *Océano*, 2002). Relatos, ensayos y poemas suyos se han incluidos en antologías de la literatura hispanoamericana, entre ellas: *Antología de la Poesía Latinoamericana del siglo XXI* (FCE, México), *Poésie Cubaine du XXe Siécle* (C. Couffon, Genéve), *The Voice of the Turtle. An Anthology of Cuban Stories* (Londres y USA, *Quartet Books Ltd.*, y *Grove Press*, 1987), *Antología de la poesía hispanoamericana contemporánea* (España, *Pre-Textos*), *Antología de poesía latinoamericana presente* (México, Aldus), *Cuban Poetry Today* (USA, *City Lighs*), *Antología del Cuento Latinoamericano del siglo XXI* (México, F. C. E.), *Junge Erzähler aus Kuba* (Alemania, Suhrkamp Verlag), *Cuentos hispanoamericanos: Cuba. Erzählungen aus Cuba.* (Bilingüe, *D.T.V.*, Frankfurt), "*Zapisky´z Mrtévo Ostrova: Kubánska Skupina*" (Editions FRA, República Checa). *Premio Nacional de la Crítica* en Cuba en 1993 y 1994.

JARDIN ZEN DE KYOTO

Sólo un poco de grava inerte
quizá sirva para explicar
(al fin como metáfora vana)
que la dignidad del mundo consiste
en conservar para sí
cualquier inclemencia de ruina.

El monje
cortésmente inclinado
quizá también explique
con los dibujos del rastrillo
que no existe *el ardor*,
solamente el limpio espacio
que antecede a la ruina.

Alrededor del jardín
en movimiento nulo
de irrealidad o poesía
pernoctan
en un aire civil de turistas y curiosos
sílabas de sutras, pájaros que estallan sus pechos
contra sonidos de gong. Todo envuelto
en el halo de la historia
como en celofán tardío.

El lugar ha sido cercado:
breves muros y arboledas
suspenden la certeza
en teatro de hielo.

La cabeza rapada del monje
conserva la naturaleza de la grava
y de un tiempo circular, levemente
azul: cráneo de papel
o libro muerto
absorbe el sentido
que puede venir de afuera.

En la disposición de las grandes piedras
(con esfuerzo
pueden ser vistas
como azarosos dados de dioses
en quietud proverbial)
tampoco hay *ardor*. Sólo un resto
de cálida confianza
que el sol deposita
en su parodia de retorno sin fin.

La muerte
(siempre de algún modo poderosa)
podría situarnos
abruptamente dentro
y nos daría, tal vez,
la ilusión del *ardor*.

Como mimos, entonces,
trataríamos de concertar
desde el cuerpo acabado
el *ninguna parte donde hay ardor alguno*
en el corazón secreto
que podría brindar el jardín.

Pero hay algo
de helada costumbre
en el jardín
y en el ojo que observa.

Es posible que sea el vacío
(¿por fin *el vacío*?)
o la ciega intimidad
con que cada cosa responde
a su llamado de muerte.
Y esto se desdibuja
con cierta pasión
en los trazos del rastrillo,
junto a las pobres huellas del monje,
entre inadvertidas cenizas de cigarros
y otras insignificancias
que a fin de cuentas
en el corazón del jardín
parecen caídas del cielo.

MECÁNICA CELESTE

Ratas de campo (**rattus rattus frugivorus**), de costillas alámbricas. Los chinos las golpean con el canto de la mano. Entonces giran como trompos indefinidamente.

PABELLONES (I)

La enferma se pasea como un pájaro devastado. Es pequeña, voraz y su labio superior, en un esfuerzo esquizoconvexo y final, se ha constituido en pico sucio. Por otra parte (muestra el médico con paciencia): «esos ojitos de rata». Tampoco el director (de formación brechtiana) deja de asombrarse: «Perturba la disciplina con sus simulacros. De vez en vez logra levantar vuelo. Claro que lo haría simplemente de un pabellón a otro. Pero comoquiera, representa un problema para la Institución».

PABELLONES (III)

K murió de tuberculosis. Su laringe quedó ocluida y no podía hablar ni comer. Ni, por supuesto, cantar. Tomarse a pecho la cuestión del canto -como le pasó a Josefina- es contar con una laringe que funcione en cualquier circunstancia.

En algún momento K hizo un gesto para que le habilitasen la mano de escribir. Y ahí fue cuando se formó el show (display or exhibit) en el sanatorio. Ver a K tratando de escribir al mismo nivel de la laringe defectuosa. Verlo raspando y raspando -pobre pelele- la página en blanco.

PROBLEMAS DEL LENGUAJE

1

Yo que tú
no hubiera esperado tanto.

Esperabas que yo fuera
a la cita donde hablarías de la palabra dolor.
De allá para acá
(el tiempo corre, querida,
el tiempo es un puerco veloz
que cruza el bosque de la vida!)
han pasado muchas cosas.

Entre ellas
la lectura de Proust.
(Si me vieras.
Soy más cínico más
gordo y
camino medio lelo
como una retrospectiva de la muerte.)

Yo que tú no hubiera esperado tanto
y me hubiera ido con aquel que te decía
con una saludable economía de lenguaje:
cásate conmigo.

(Ahora me esperas. Y yo
no sabría decirte nada
y tú

sólo sabrías hablar
y hablar
de la palabra dolor)
Cuando supe que el lenguaje
era una escalera para subir a las cosas
(uno está arriba
y no sabe cómo bajar
uno está arriba
y se las arregla solo)
decidí no verte más.

2

Nadie posee
una lengua secreta.
Ni los hopi
ni los dogones.

Nadie posee
una infinita reserva
de juegos de lenguaje
(¡corta es la vida
y el tiempo es un puerco!).

Voy a preguntarte
la función del color blanco
en nuestras vidas.

A ver si nos entendemos.

INTERVENCIONES

Ya habías muerto, mucho antes,
de transhumanamiento o
en desacuerdo
con el Vasto Poder del Lenguaje,
muerto, es decir, vivo
en la dimensión
donde el tiempo
de la muerte
obstruye
el movimiento de la vida.

Y esto lo sabías
frente a un sol meridional:
las manos en los bolsillos,
la corteza dura de tu rostro
y la realeza de otros rostros
modificando el horizonte.

El tiempo olía a cebolla:
un crudo vaivén o deshojarse
de películas absortas, rápidas
y completivas como el muñón que
arma la presta mano médica.

Pero la cebolla (que es la Realidad!)
desmultiplicaba sus planos. Entonces todo
desde un principio
tuvo esa fatal ausencia de armonía.

Pero no es sólo esto,
no.

Si fuera sólo esto
sería menos complicado y
El Advenimiento
(la intervención del ser
o de cualquier otro trasunto como la escritura)
quedaría
por fin
en Completud.

Hay más cosas: bajo
un cielo convexo y frío
(cielo de post-tiempo)
henos allí avanzando, no ligados
por el Lenguaje, apenas
por el lamento
(la taigá, el lamento culpable de la matria*,
lobos, etc.).

Sí. Mucho menos
de lo que pensabas: la zona
obscura y tibia

---

* Hijo mío, yo que fui sólo vida / te he dado el amor de la muerte. / Naciera de la prehistoria la suerte / que por la furia de la masa enfurecida / sacude la cumplida historia. Qué metafísico, aún, para nuestras sólidas esperanzas históricas *.

de la lengua (que incluye la Lengua)
latiendo oportuna
completamente, el cigoto
en la cavidad central del Tiempo,
puro imaginario de terciopelo,
leve y grave
allí, al alcance de la mano, diestra
o siniestra, en el letargo de silencio
todavía interior aunque casi suprahistórico
(como el movimiento
de las partículas
de un terrón de azúcar sobre la mesa).

También junto al fuego:
en la dilapidación
de cigarros y saliva,
la frente
proyectando
a la orilla del mar
un perfil salvaje,
la utopía entre ceja y ceja,
entre muslo y muslo el roce con la luna
y entrevisto
de golpe
el Sentido: la pasión,
la fuente donde manan,
una a una,
las palabras.

Pero no es sólo esto.

Ni en el deslizarse
de la muerte
a ras de asfalto
mientras la cámara no tomaba en consideración
los escasos segundos
en que se produjo el vaciamiento
el segamiento de la vita:
la incompletud plenaria de un pecho
que rechina su corazón
contra un mundo todavía cálido...............................
....
....

¿Y qué nos sucedía de este lado?
¿También el Suceso?
¿La Intervención de la Otra Parte?
¿O sólo el fantasma del Eventum?

El hambre, aún, es metafísica. Ayer, en la carnicería, hacíamos cola para el pollo. Esta vez fue un pollo traído de Guerlesquin, cuya novedad eran las gruesas capas de grasa. Los viejos observaban el pollo de Guerlesquin con la suspicacia helada y ávida de quien no excluye a Guerlesquin en la percepción y sí las novedosas capas de grasa del pollo de Guerlesquin. Aunque, de algún modo, ellos sabían (¿sentido común que proporciona la Historia?).

Aquí.

Más allá del como.

Absortos.

Como si la Historia
de súbito:

[   ]

¿Qué hay de todo esto
si no un rostro
en el vacío?

¿Qué hay de todo esto
si no un rastro
en la nieve?

¿Un trazo
sobre el asfalto
de escritura trágica?

¿Muy visceral todavía,
muy dentro fuera
todavía?

Y por si fuera poco
el Sol *

interviniendo
en la rigidez de tus pómulos
intrahistóricos aún!

* Termino de escribir este poema en la mañana. Por la ventana entra el sol. La escritura, hasta ahora casi ininteligible, va adquiriendo un vigor especial con la luz. «¡El sol también es histórico!», me digo en un rapto.

HEIMAT

(a José Lezama Lima)

No se vio ningún tártaro partir
la línea occipital del horizonte.

Ni un bárbaro de aquellos
jalando con sogas de yute
jabatos de peso mediano.

Ni tocando trompeta.
En el bosque.
A nadie.

Ahora
Lingua Mater sustenta y amortaja,
su boca húmeda y esponjosa
prodigándonos afectos para-
sintácticos y hasta
locales.

In situ: se sigue bailando
con o sin zampoña y se escribe
bellamente aún al compás de
y va escabulléndose
(va cayendo el telón)
uno con
la bípeda y/o loca velocidad que va dictando
el estado de las cosas.

Un registro de vozes tan amplio

quién te lo iba a quitar, menos que menos
a escribir, por ti, por los demás,
padre mío que nadas como un tonel
en la corriente brumosa de las palabras.

Ahora,
rema.

Es decir parte
y tápate las gordas orejas
y rema, rumbo al poniente.

(No escuches viejo chillar
en el canal que corta el mar
dichas ratas de agua dulce).

SE HA IDO ACUMULANDO

Se ha ido acumulando.

En realidad no hay dolor,
no puede haber dolor
detrás del dolor.

Detrás del dolor
no hay nada,
dicen los monjes budistas.

¿Y detrás de la nada?
No hay nada,
dice el sentido común.

Se ha ido acumulando.

No me está pasando a mí.

A mi me está pasando otra cosa
que no entiendo
ni entiendes.

No me está pasando a mí,
ni a ti,
ni a nadie.

Detrás de la nada
no hay nada.

O hay todo,
depende.

A mi me está pasando otra cosa.

Ven,
te le voy a decir.

Se ha ido acumulando.

Índice

Diáspora(s): memoria de la neovanguardia
por Idalia Morejón Arnaiz — 07

Ricardo Alberto Pérez — 23

Ismael González Castañer — 41

Rogelio Saunders — 59

Pedro Marqués de Armas — 75

Radamés Molina — 93

Carlos A. Aguilera — 109

Rolando Sánchez Mejías — 129

DIÁSPORA(S): FÁBRICA MÍNIMA
—vigésimo segundo volumen
publicado por kriller71 ediciones
en su colección de poesía—
se terminó de imprimir
durante el mes de marzo de 2016,
100 aniversario de la publicación
de la teoría general de la relatividad de Albert Einstein.
La tirada fue de 200 ejemplares.